Laura Marholm

Karla Bühring

Ein Frauendrama in vier Akten

Laura Marholm

Karla Bühring
Ein Frauendrama in vier Akten

ISBN/EAN: 9783743350861

Hergestellt in Europa, USA, Kanada, Australien, Japan

Cover: Foto ©ninafisch / pixelio.de

Manufactured and distributed by brebook publishing software (www.brebook.com)

Laura Marholm

Karla Bühring

Laura Marholm

Karla Bühring

Ein Frauendrama
in vier Acten

Paris, Leipzig, München

(München, Kaulbachstr. 51a)

Verlag von Albert Langen

1895

Die Verfasserin behält sich alle Rechte, insbesondere die der Übersetzung und der Aufführung, vor.

Laura Marholm-Hansson.

Vorwort.

Ich habe dieses Stück für die Aufführung geschrieben und für die Wirkung von der Scene gebaut. Trotzdem lege ich es dem Publikum vor, noch ehe es zur Aufführung gekommen, oder nur den Theatern eingereicht worden. Denn es enthält etwas anderes und mehr, als mit der Wirkung von der Scene erschöpft oder erreicht ist.

Die Frauen, die darin vorkommen, sind, jede innerhalb ihrer Lebensstellung und Begabung, typisch für das, was die gegenwärtige Zeitbrechung aus dem Weibe macht. Sie sind herausgegriffen unter den vielen, ihnen ähnlichen, die mir im Leben entgegen kamen. Und in der Hauptperson habe ich des Weibes Lebensdrang bis in seine Lebenswurzel selbst hineinverfolgt, wo er wieder eins wird mit des Weibes Intaktheit als Weib und von ihr bedingt ist.

Wir haben in den letzten Jahren auf den alten pathetischen Stil eine Menge Kleinkram und Hinterstubennervosität die Bühne in Beschlag nehmen sehen. Die Schauspieler werden eingeschnürt in Vorschriften, wie sie zu stottern, sich zu wiederholen und zu versprechen haben, und von dem Arrangement von Tischen, Stühlen, Lampenschirmen ꝛc. wird die Wirkung eines Stückes wesentlich abhängig gemacht.

Ich meine, wo ein echter Herzschlag und ein lebendiger Inhalt ist, da wird er ebenso gut zwischen drei leeren Wänden wirken, wenn nur ein guter Schauspieler ihn menschlich empfindet und ausdrückt. Und was der dramatische Autor zu thun hat für die Anlage seiner Gestalten, das ist: die Umrisse zugleich so groß und so fest zu ziehen, daß der Schauspieler sowohl Ellenbogenraum wie eine Form vorfindet, innerhalb welcher er seine schöpferische Individualität entfalten kann.

Die Scenenwirkung wird wesentlich von der Expansionskraft der Darstellerinnen getragen. Aber die echten Frauenrollen, in denen sich das Weib als Weib fühlt und seine unbewußte Natur nach außen spielt, werden immer seltener. In Karla Bühring habe ich eine solche Frauenrolle zu schaffen versucht.

Personen:

Dr. Siegfried Collander.
Frau Hildegard Collander.
Gutsbesitzer Otto von Wetterberg.
Großkaufmann Adolf Eschenmeyer.
Frau Annette Eschenmeyer.
Karla Bühring.
Lilli Bloom.
Nanny, Karlas Jungfer.

Die Handlung geht in einem Nordseebad vor sich.

Erster Akt.

(Das von Collander bewohnte Landhaus.)

In der Mitte des Hintergrundes offene Flügelthür, von wo Aussicht auf die Dünen und das Meer. Rechts zwei tiefniedergehende große Fenster. Links zwei Thüren. Rechts und links von der Hintergrundsthür gleichfalls zwei große gardinenlose Glasfenster — hinter dem linken Fenster sieht man eine vorspringende Veranda mit Glaswänden.

Die Einrichtung eines Gartenzimmers, das zugleich als Wohnraum dient. Vor der zweiten Seitenthür links ein großes Pflanzenstativ. In der Mitte des Zimmers Sofa und Stühle aus Korbgeflecht, davor ein ebensolcher Tisch — imitiert japanischer Stil. Mehr nach rechts zwei hochlehnige Stühle und zwischen ihnen ein solider altertümlicher Tisch; gleich daneben, etwas zurück, ein schöngeschnitztes Bücherbrett, das nicht ganz gefüllt und in einer Unordnung ist, die häufige Benutzung zeigt. Diese Gruppe ist nach hinten von einer japanischen Klappwand begrenzt. Heller, sonniger Vormittag.

Erste Scene.

Lilli Bloom

in Hut und Promenadenkostüm, kommt durch die Hintergrunds-[Mittel-]Thür, unsicher, zögernd, sieht sich bescheiden um und will wieder umkehren, da niemand anwesend ist.

Stimme

(aus der Seitenthür links vorn, die halb offen steht, durchdringend, aber flüsternd rufend).

Fräulein Bloom!

Lilli
(schrickt leicht zusammen, kehrt wieder um, macht ein paar Schritte nach der Richtung der Stimme).

Stimme
(wie oben).

Nein, bleiben Sie! (schrill.) Bleiben Sie da stehen!

Lilli
(etwas ängstlich, aber mit klarer Stimme).

Frau Collander — — —!

Stimme
(gereizt).

Schweigen Sie still!

Lilli
(zuckt die Schultern, bleibt unschlüssig, verstimmt stehen).
(Ein Gepolter im Nebenzimmer links, als klopfe jemand stark an eine Thür.)

Stimme
(wütend, triumphierend).

Ja —! Schließt euch nur ein! Ihr seid doch ertappt!

(Gleich darauf kommt Hildegard Collander, eine schöne auffallend gekleidete Frau, mit raschen, starken Schritten, aufrecht, zornig, selbstbewußt, durch die halboffene Thür auf Lilli zu.)

Hildegard.

Das war gut, daß Sie gerade jetzt kamen! Ich wartete schon auf Sie. Darum ließ ich auch die Thüren offen stehen. Sie sollen meine Zeugin sein!

Lilli
(peinlich berührt).

Mein Gott! was ist denn nun wieder?

Hildegard.

Warten Sie nur! Bleiben Sie nur! Nein, stehen Sie nicht da — dort kann man Sie ja von der Veranda aus sehen. Kommen Sie hierher — so! (Sie zieht sie vor das große Pflanzenstativ links in der Ecke.) Hören Sie! jetzt flüstern sie drinnen. Nein, bleiben Sie nur hier stehen; jetzt wird sie gleich gehen. Er wird sie zur Veranda hinauslassen. Sie sollen sie sehen. Sie sollen mir's bezeugen können.
(Sie stehen eine Weile und warten.)

Lilli.

Es kommt ja niemand.

Hildegard.

Nur geduldig. (Zischelnd.) Sie kann ja nirgendwo anders hinaus. Die Hinterthür nach dem Hof hab' ich abgeschlossen — hier kann sie nicht durch! (Plötzlich heftig, drohend.) Aber Sie sind auch so eine! Sie machen auch lieber beide Augen zu. Sie wollen meine Freundin sein — Sie sind auch nur eine falsche Freundin.

Lilli
(empfindlich).

Ich habe nie Ihre Freundin sein wollen, Frau Collander — ich habe Ihr Vertrauen nicht gesucht.

Hildegard.

Nein. Ich habe es Ihnen freiwillig entgegengetragen. Sie können auch sagen, ich habe es Ihnen aufgedrängt; das ist auch nicht gelogen. Ich muß einen Menschen haben, dem ich mich anvertrauen kann; ich muß schreien können, wenn ich getreten werde. Sonst zünde ich das Haus an, oder ich nehme meine Kinder und gehe ins Wasser —

Lilli
(ängstlich).

Pst! nicht so laut . . .

Hildegard
(gedämpft, aber in der gleichen Aufgeregtheit).

Ach was! Mir ist alles eins. Heute habe ich sie ertappt. Ich habe sie ertappt — — — das genügt mir!

Lilli.

Ist denn der Doktor zu Hause?

Hildegard.

Das können Sie wohl denken —

Lilli.

Und sie ist bei ihm?

} Sehr rasch.

Hildegard.

Sie ist bei ihm! Die Scheinheilige, die Tugendhafte — — die unbescholtene Frau Eschenmeyer. (verachtungsvoll) Die alte Pomeranze!

Lilli.

Ich begreife gar nicht, was er an ihr hat! Schön ist sie gar nicht, jung ist sie auch nicht mehr — —

Hildegard.

Reich ist sie, mein Kind, reich! Sie trägt sich ganz englisch. Solche Stoffe hat er noch nicht befühlt. Und dann eine Eschenmeyer! Aus der Firma! Mit den Millionen... (wegwerfend). Und er fängt an alt zu werden.

Lilli.

Aber nein, Frau Collander....!

Hildegard
(scharf).

Nun das sage ich ja — Sie sind auch in ihn verliebt. Aber bilden Sie sich nur nichts ein: aus Ihnen macht er sich gar nichts. Sie haben nichts, Sie sind nichts, und Sie sehen nach nichts aus!

Lilli
(verletzt).

Ja, also heute wird's nichts mit der französischen Stunde. Dann gehe ich also .... (Sie sind beide während der letzten Repliken unwillkürlich immer mehr in den Vordergrund gekommen. Bei Lillis letzten Worten faßt Hildegard sie schnell am Arm, um sie festzuhalten.) Nein, lassen Sie mich, ich muß jetzt . . . (rasch nach dem

Fenster vorn rechts). Da geht ja Karla Bühring. Sie wartet gewiß auf mich (einen Ausweg suchend, um loszukommen) . . . ich muß ihr gleich nach —

Hildegard
(hat Lilli nicht losgelassen und ist ihr so bis ans Fenster gefolgt).
Eh! Ist das die Karla Bühring? (sieht hinaus. Schlechte Haltung! Kein Gang . . . sie schleppt sich ja nur so! (Vertraulich neugierig.) Haben Sie gelesen, was Siegfried im „Courier" über sie geschrieben hat? Dick aufgetragen — was? spielt sie denn wirklich so großartig? Und was zwischen den Zeilen stand —! so macht er's immer. Seine Kritiken — das sind nur verkappte Liebesbriefe! . . . . . (wegwerfend). Na, wenn er sie bei Tageslicht sieht . . . (unterbricht sich). Wissen Sie nicht, ob er sie vielleicht schon kennt? (sie beugt sich ganz hinaus, um der Vorbeigehenden weiter nachsehen zu können).

Lilli
(gleichgültig).
Nein, noch nicht, glaub' ich.

Hildegard
(hinausgebeugt, wendet den Kopf zurück).
Gehen Sie viel mit ihr um?

Lilli.
Wir wohnen ja in einem Hause . . .

(Unterdessen sieht man hinter dem Hintergrundsfenster links, das auf die Veranda geht, eine Dame und Collander erscheinen. Sie wendet sich kokettierend nach ihm zurück, der ihr folgt. Beide spähen einen Moment durch das Fenster in die Stube, dann verschwindet sie nach unten, wie die Stufen hinabsteigend, und er geht zurück hinein.)

Hildegard
(schließt das Fenster).

Ach, was guck' ich ihr denn nach! Die hat nichts zu bedeuten — — — aber die! (Handbewegung nach der Seitenthür links, sich wieder aufregend). Wissen Sie, was ich gesehen habe? — Ich hatte die Kinder zum Spielplatz begleitet und kam zurück durch die Buchenallee, da sehe ich sie — die Eschenmeyer, in vollem Sonnenschein auf unser Haus zugehen — —

Lilli
(lächelt).

Aber ein Stelldichein in vollem Sonnenschein — —

Hildegard
(abschneidend).

Kind! was verstehen Sie davon! (fortfahrend). Und er steht schon am Fenster! Und hinein ist sie durch seinen Privateingang, wie 'ne Maus so geschwind. Da geh' ich um das Haus herum und zur Küchenthür herein. Wo ist der Herr? frag' ich. In seinem Arbeitszimmer, antwortet mir das Mädchen. Ich ins Schlafzimmer, auf den Zehen (Handbewegung nach der Thür links) — das stößt an sein Arbeitszimmer — und versuche die Thür aufzuklinken. Ver=

schlossen! Ich höre ein Flüstern, ein Rascheln, ein Kichern — — bücke mich und schaue durchs Schlüssel=loch . . . (stark) sie halten sich umschlungen . . . und küssen sich . . . und küssen sich — — so halten sie sich umschlungen . . . (sie macht es nach und schlingt ihre Arme um Lillis Hals).

Zweite Scene.

Collander, schwärzlicher, beweglicher Mann, schon etwas graumeliertes starkes Haar und dünner, spanisch gespitzter Bart. Spricht sehr rasch und wechselt fortwährend den Ton; eigentümlich ist ihm ein gewisser, greifender Blick, den er oft, besonders Frauen gegenüber, anwendet. Sehr nervös und daher bald alt, bald ganz jung erscheinend. Er ist links aus der Thür zunächst dem Hinter=grund getreten und hat Hildegards letzte Reden mit einem spött=ischen Lächeln angehört; — lächelt überhaupt häufig und in sehr verschiedener Weise.

Collander.

Das ist ja reizend! Das ist ja ganz sapphisch! Ist die Freundschaft zwischen den beiden Damen nun so intim geworden, daß sie auch am hellen Vormittage nach Bethätigung drängt?

Lilli

(fährt erschrocken zurück aus Hildegards Armen).

Herr Doktor — —

Collander
(freundlich).

Lassen Sie sich durchaus nicht in Ihrem Tête-à-tête stören. Wenn das beruhigend auf meine Frau wirkt — — ich habe nichts dagegen.

Hildegard
(majestätisch, bitter, zu Lilli).

Liebes Kind, lassen Sie sich nicht verblüffen! (Zu Collander, die Hand auf der Brust, anzüglich, aber zugleich in etwas theatralischer Pose.) Ich habe mir nichts vorzuwerfen —

Collander
(pathetisch, nachahmend).

Nein — du hast dir nichts vorzuwerfen —

Hildegard
(ohne sich durch die Unterbrechung stören zu lassen).

Ich führe mein Leben vor unverschlossenen Thüren und unverhängten Schlüssellöchern —

Collander.

Au!

Hildegard.

Aber was Andere hinter verschlossenen Thüren und herabgelassenen Gardinen treiben, das soll und wird ans Tageslicht kommen. (Ab durch die vordere Seitenthür links).

———

Marholm, Karla Bühring.

Dritte Scene.

Collander
(näher zu Lilli, vertraulich ausforschend).
Was giebt's denn? Was hat sie?

Lilli.
Wie soll ich das wissen, Herr Doktor?

Collander.
Stellen Sie sich doch nicht an, Fräulein Bloom — Sie, Busenfreundin und Vertraute meiner sanften Gattin!

Lilli.
Herr Doktor, ich komme hier ins Haus, um Ihrer Frau französische Stunde zu geben —

Collander
(dreht die Augen nach oben).
Französische Stunde!! Haben Sie je einen Menschen gekannt, der mit 38 Jahren eine fremde Sprache erlernt hätte?

Lilli.
Ihre Frau giebt sich viel Mühe, Herr Doktor.

Collander.
Snobbismus! (Nachlässig.) Weil gerade die Fürstin Tshechevski und die Gräfin Reutern hier sind und

mich anschwärmen, darum läßt sich meine Juno jetzt mit Hochdruck Französisch einrichtern . . . um mich auch auf Französisch behorchen zu können —

Vierte Scene.

Hildegard
(zurück, aufgebracht).
Ihr seid mir diesmal entschlüpft —

Collander
(unschuldig).
Wer ist dir entschlüpft?

Hildegard.
Du — und deine Eschenmeyer, das liederliche Frauenzimmer!

Collander.
Ich weiß von keinem Frauenzimmer.

Hildegard
(drohend).
Aber nächstens haltet eure Rendezvous nicht mehr hier im Hause!

Collander
(kalt).
Bei mir war niemand.

Hildegard.

Leugne du, daß die Person, deren Namen ich nicht zum zweitenmal in meinen Mund nehmen mag —

Collander
(gleichmütig).

Ich habe seit drei Stunden in meinem Zimmer angestrengt an meiner „Evolution der Moral" geschrieben, — dabei hätte ich auch die verführerischste Damengesellschaft nicht brauchen können.

Hildegard.

Siegfried — lüge nicht. Ich habe sie mit meinen eigenen Augen über den Platz kommen und ins Haus gehen sehen —

Collander
(zuckt die Achseln).

Oben wohnt auch noch eine Partei.

Hildegard.

Du willst also mehr hören — schön! Leugne doch auch, daß ihr euch umarmtet, so, wie ich vorhin es Fräulein Bloom zeigte —

Collander.

Hysterie!

Hildegard.

Und küßtet — (mit Abscheu) ich mag nicht sagen wie!

Collander
(zu Lilli).

Haben Sie das Schauspiel meiner Missethaten auch genossen, Fräulein Bloom?

Hildegard
(wirft Lilli einen flehenden Blick zu und nickt anspornend mit dem Kopf).

Lilli
(schüttelt den Kopf).

Collander.

Nein? Fräulein Bloom lauert noch nicht an Schlüssellöchern, — die Ausbildung dazu ist Ihnen noch durch den weiteren Umgang mit meiner Frau vorbehalten.

Hildegard
(ihren letzten Trumpf ausspielend)

Leugne denn auch noch, daß du das Schlüssel= loch verhängtest, damit ich nichts weiter sehen sollte!

Collander
(gemütlich).

Das leugne ich ebensowenig, wie daß du mit einem Stöckchen im Schlüsselloch bohrtest, um den Vorhang wegzuschieben. Warum sollte ich dir das Vergnügen nicht gönnen? Ich liebe es nicht, beim Schreiben belauert zu werden.

Hildegard
(qualvoll).

Siegfried, du treibst mich zum Wahnsinn'

Collander
(giftig).

Du bist ja schon wahnsinnig! du bist hysterisch im höchsten Grade, du siehst, was nicht zu sehen ist, du hörst Stimmen, wo niemand spricht — — (lauernd) du hast vielleicht die Dame auch hinaus= gehen sehen, wie du sie hereinkommen sahst?

Hildegard
(müde).

Nein, leider nicht.

Collander.
Und deine vertraute Spionin in der Küche?

Hildegard
(ebenso).

Die Magd hat auch nichts gesehen . . .

Collander
(fällt ihr ins Wort).

Siehst du nun, daß du verrückt bist, hysterisch, maniakalisch — (zu Lilli, die sich während der ganzen Scene nicht zu lassen gewußt hat) Oh, Fräulein Bloom, dies war eine von den milderen Scenen, die mir täglich be= reitet werden. Diese Frau . . . wenn Sie einmal hören, ich hätte Gehirnerweichung, dann wissen Sie — Sie sind meine Zeugin, wie ich dazu gekommen bin! Liebesmanie und Verfolgungsmanie als tägliches Brod aufgetischt bekommen, und dazu die markaussaugende geistige Arbeit und eine Meute von Feinden und Neidern auf den Fersen — —

Fünfte Scene.

Otto von Wetterberg, schlank, blond, stramm und distanzierend in der Haltung, unter Ruhe und Beherrschung ein starkes Temperament verdeckend; blonder Schnurrbart, volle Lippen, in dem offenen, festen Blick zuweilen ein starkes Aufblitzen. Er tritt ein durch die Mitte.

Wetterberg
(den Hut lüftend).

Entschuldigung —

Collander
(fährt herum).

Zu Diensten.

Wetterberg.

Ich fand keine Klingel an der Pforte und niemand, der mich anmeldete —

Collander
(ungeduldig).

Zu wem wollen Sie?

Wetterberg
(mit einem fragenden Blick).

Ich beabsichtigte Herrn Dr. Siegfried Collander, den berühmten Forscher, aufzusuchen —

Collander

Was wünschen Sie von mir?

Wetterberg
(halb unbewußt durch den Ton choliert).

Ich wünsche nichts von Ihnen, Herr Doktor?.

Collander
(spöttisch).

Sie wünschen nichts — was verschafft mir denn das Vergnügen?

Wetterberg.

Ich bin seit Jahren ein eifriger und wohl auch nicht verständnisloser Leser Ihrer Bücher.

Collander.

Ja, meine Bücher werden von der ganzen Jugend zwischen zwanzig und vierzig Jahren verschlungen. Aber sonderbarerweise bringt jede Schundware, nach der kein Hahn kräht, es auf mehr Auflagen als sie.

Wetterberg
(gutmütig lächelnd).

Ich bin auch ein Käufer. Erlaube mir übrigens, mich vorzustellen (überreicht Collander seine Karte).

Hildegard
(zu Lilli).

So ein netter Mensch! — wie er sich nun wieder beträgt!

Lilli
(wendet sich brüsk und stumm weg).

Hildegard.

Ja, was ist Ihnen denn, Kind? Sie sehen ja ganz konfus aus. (Mit einer Kopfbewegung nach Wetterberg.) Kennen Sie denn den?

Lilli
(verlegen).

Ach nein; wieso denn?

Collander
(hat einen aufmerksamen Blick auf die Karte und zugleich auf das Taschenbuch geworfen, dem Wetterberg sie entnahm).

Otto von Wetterberg, doctor juris, Gutsbesitzer. Von wo, wenn ich fragen darf?

Wetterberg.

Ich bin Friesländer.

Collander.

Friesländer? Friesländer? Das ist ja wohl im Oldenburgischen? (Ironisch zu seiner Frau.) Da hat ja auch deine Wiege gestanden, Hildegard! (Zu Wetterberg.) Meine Frau! (Zu Hildegard.) Ein näherer Landsmann von dir!

Hildegard
(ruhig).

Die Wetterbergs sind eine sehr alte Familie im Jeverschen — (Zu Wetterberg.) Wenn Sie von denen sind?

Wetterberg
(verbeugt sich).

Ich bin von denen. Darf ich fragen, ob gnädige Frau aus der näheren Nachbarschaft — —

Hildegard
(gerade).

Ach nein — ich bin nur...

Collander
(wirft Hildegard einen strengen Blick zu — abbrechend).

Inquirieren wir wenigstens nicht stehend weiter nach den Personalien — — nehmen Sie Platz, Herr von Wetterberg. (Während sie sich rechts auf die Lehnstühle niederlassen) Also Sie haben mich aufgesucht als ein fleißiger Leser — und ich darf wohl annehmen (lächelnd) als ein nachsichtsvoller Bewunderer meiner staatsgefährlichen Studien über den Gegenwartsmenschen und seine voraussichtliche Entwickelung — — Hildegard, ich werde trocken im Halse, einen Siphon Sodawasser! Herr von Wetterberg wird bei der heutigen Hitze auch vormittagsdurstig sein —

Hildegard.
Den Durst stillt man in Friesland nicht mit Sodawasser.

Collander.
So setz' eine Flasche Margaux dazu.

Hildegard
(halblaut ratgebend).

Cognac...

Collander
(befehlend).

Einen Hennesy; mit drei Sternen.

Hildegard.
Kommen Sie, Fräulein Bloom — wir sind doch nur überflüssig.

Lilli
die bisher peinlich verlegen am Fenster gestanden, will Hildegard ohne Aufsehen folgen).

Collander
(zu Lilli).

Bleiben Sie! Bleiben Sie nur hier! Was laufen Sie denn davon!

Hildegard
(im Abgehen).

Nun, wenn du nicht einmal für nötig befunden, sie vorzustellen — (ab).

———

Sechste Scene.
Collander
(hält Lilli auf; nachlässig vertraulich).

Ich hatte Sie ganz vergessen. Was stehen Sie denn auch so in den Ecken herum?

Lilli
(weicht ihm aus und will an ihm vorbei)

Collander
(an ihrem Ohr).

Empfindlich? Ach, Sie ewige Kleinstädterin! Herr von Wetterberg, ich mache Sie hiermit feierlich mit Fräulein Lilli Bloom bekannt, eine aus der Jugend= schar, die sich an meinen ketzerischen Büchern berauscht. Fräulein Bloom aus, na... wie heißt doch die Stadt da, ganz oben beim Nordpol, in Rußland, oder Finnland?... Reval, glaub' ich — — was? richtig? Freut mich.. Dies kleine Mädchen kam auch — wie Sie — mir für die Wirkung meiner Bücher danken. (einnehmend freundlich) Wie lang ist denn das schon her, Fräulein Bloom... ein Jahr! (Doppelsinnig.) Und noch haben Sie nicht den rechten Ausdruck für die Gefühle Ihres Dankes gefunden?

Wetterberg
(hat sich verbeugt und ist stehen geblieben).

Ich glaube das Fräulein schon gesehen zu haben.

Lilli
(rot, froh).

Wo denn?

Wetterberg
(gelassen).

Ja, das weiß ich eben nicht. Ich muß mich doch wohl geirrt haben.

Lilli
(schroff).

Ja, wahrscheinlich werden Sie sich geirrt haben.

Siebente Scene.

Hildegard
(kommt mit einem Tablett, darauf Siphon, Cognac- und Rotweinflasche, Gläser ꝛc. Sie kommt nicht gleich damit zurecht, das Theebrett zwischen die auf dem Tisch liegenden Bücher zu schieben. Zu Collander).

Ach, hilf mir doch!

Collander
(betrachtet, die Hände in den Taschen, beobachtend Lilli und scheint nicht zu hören).

Wetterberg
(hilft Hildegard; dabei fällt ihm eins der vielen Bücher in die Hände).

Ah, Nietzsches Leben von seiner Schwester! Das ist ja interessant! (Zu Collander.) Enthält es nun auch wirklich die Aufschlüsse, die wir von einer Biographie Nietzsches — —

(Hildegard ab.)

Collander
(nimmt ihm das Buch aus der Hand, schlägt die erste Seite auf, hält sie ihm hin).

Wetterberg
(liest).
„Dem Mann, den mein Bruder allein bewunderte"... ein starkes Wort!

Collander.
Ach, das ist noch gar nichts! (Geht an das Bücherbrett, nimmt einen Band heraus.) Da! von Nietzsche eigenhändig.

Wetterberg
(lesend).
„Dem Übermenschen von Ecce homo" (kehrt ihm das Buch in der Hand um). Ah, „die Götzendämmerung"!

Collander
(langt wieder ein Buch hervor).
Hier — „Jenseits von Gut und Böse" (hält ihm die Widmung hin). „Ihm, der das Jenseits gelebt hat" (legt es Wetterberg, der sich gesetzt hat, auf die Knie). Hier — ein Karl Marx! (liest gleichgültig). „Dem Pfadfinder ein Mitsucher" (legt ihm das Buch aufgeschlagen auf die Knie). Hier, eine Gedichtsammlung des Königs von

Schweden (langt sie hervor — liest). „Meinem geistvollsten Beurteiler — dankbar Oskar" (langt abermals eins hervor). Paul Bourgets „Sensations d'Italie", (liest) „à mon eminent confrère, Siegfried Collander, hommage de l'auteur reconnaissant" (legt es ihm auf die Knie). Hier: Gladstones Übersetzung der Odyssee, eigenhändig von dem alten Mann mit zitternder Hand hineingeschrieben — sehen Sie, welcher große Zug in dieser Greisenhand: „most kindly, Gladstone" (legt es ihm auf die Knie).

Wetterberg
(hat anfangs jedes Buch aufmerksam in Empfang genommen, wird aber erstaunt und geärgert, je mehr der Haufen auf seinen Knieen zunimmt, ablenkend).

Ich vermisse doch eins in Ihrer Produktion, Herr Doktor —

Collander
(immer geschwinder neue Bücher hervorlangend).

Sehen Sie — damit wir die Damen nicht vergessen — von Sonja Kowalewska (lesend) „Dem tiefen Seelenkenner" (legt es ihm auf die Knie).

Wetterberg
(fortfahrend).

Sie kreisen gewissermaßen immer peripherisch um Ihren Gegenstand —

Collander
(langt ein neues Buch hervor).

Bertha von Suttner — „Dem Friedlichen Er=
oberer" (legt es ihm auf die Knie). Hier — auch gleich das
Porträt des modernen Friedensengels . . .

Wetterberg
(abwehrend).

Ja, wo soll ich denn hin mit all Ihren Be=
wunderern?

Collander.

Da fällt mir gerade auch Ibsens „Kleiner Eyolf"
in die Hände: (lesend) „Dem Deuter, der mich mir
selber deutete" —

Achte Scene.

Wetterberg
(stützt sich mit den Händen auf die Bücher).

Ich möchte Sie darauf aufmerksam machen, daß
da jemand —

(In der Mittelthür erscheint Karla Bühring —, den Sonnen=
schirm noch aufgeschlagen).

Collander
(ohne zu hören).

Ja, was thun Sie denn, Sie verderben mir ja
die Einbände . . . Geben Sie her (nimmt ihm

ein Armvoll ab und steckt sie wieder in die Fächer, sprechend)
Diese Sachen stehen eigentlich nur hier, weil ich in meinem Zimmer alle Wände voll habe —

Karla Bühring
(rasche elastische Bewegungen, worunter doch etwas Müdes, das zuweilen übermächtig wird. In ihrem Wesen drückt sich eine halb unbewußte, halb niedergehaltene sinnliche Erregbarkeit aus, die dann und wann unbeherrscht hervorbricht. Ihre Art ist sehr verschieden mit verschiedenen Menschen, ebenso wie der Klang ihrer Stimme, der scharf und herausfordernd gegen Collander, herzlich und teilnehmend gegen Lilli, warm und fast schüchtern gegen Wetterberg ist. Sie klappt den Schirm zusammen und kommt näher. Zu Collander, vergnügt, neckend).

Haben Sie alle Wände voll von gewidmeten Exemplaren —?

Collander
(kehrt sich um).

Wer —?

Karla.
Karla Bühring, die sich bedanken kommt.

Collander
(höchst angenehm überrascht).

Mein gnädigstes Fräulein — ich habe zu danken. Ein Violinspiel, so technisch vollendet nicht nur, so beseelt und durchsinnlicht, wie das Ihrige —

Karla.
Für das Sie so schön Reklame gemacht haben!

Marholm, Karla Bühring. 3

Collander.

Ich bin glücklich, daß es mir einigermaßen gelungen ist auszudrücken, was ein solches Spiel als Frauenleistung —

Karla
(abbrechend).

Ach, was haben denn die Frauen schon geleistet! (Zu Wetterberg, der sich wegen der Bücher auf seinen Knieen nicht zu erheben vermag.) Darf ich vielleicht meinen Sonnen= schirm dazu legen?

Wetterberg
(wirft die Bücher von den Knien und steht auf).

Erlauben Sie, daß ich ihn wegstelle!

Collander
(wirft ihm einen bösen Blick zu, vorstellend).

Herr von Wetterberg, Großindustrieller in Vieh= und Getreideproduktion —

Karla
(froh lachend).

Ja, für Bücherproduktion scheint der Herr nicht viel Sinn — —. (überrascht und fast befangen, da sie ihm jetzt erst ins Gesicht sieht). Das ist ja unser Nachbar vom Badestrand . . . ! Und da ist ja auch Lilli Bloom. Warum versteckst du dich denn so hinter dem Vorhang, Lilli?

Lilli.

Weil ich mich so gänzlich überflüssig fühle.

Karla
(heiter und doch mit etwas Schwerem im Ton).

Ach Gott, das mußt du nicht so tragisch nehmen. Wir sind alle gänzlich überflüssig. (Auf Wetterbergs Blick reagierend.) Finden Sie das nicht auch, Herr von Wetterberg?

Wetterberg.

Nein, das finde ich eigentlich nicht. Ein Weib von Ihrem Persönlichkeitsinhalt ist für ihre Zeit etwas Wesentliches und Erschöpfendes —

Karla.

Was wissen Sie von meinem Persönlichkeits=inhalt?

Wetterberg.

Ich habe Sie in London und Ostende spielen gehört . . . und Ihr Spiel ist Ihr Wesen.

Karla

Ein Bewunderer? Waren Sie vielleicht unter denen, die mir vorgestern nach dem Konzert die Pferde ausspannten?

Wetterberg.
Ihnen die Pferde auszuspannen, gnädiges Fräulein, würde ich meinem Kutscher überlassen.

Karla
(wirft sich in einen der Korbstühle am Mitteltisch).

Ach, Sie blonder Junker Pappenstiel! (In heller und froher Stimmung.) Wissen Sie, Herr von Wetterberg, ich habe Sie eigentlich schon lange auf dem Korn. Sie gehen jeden Morgen und jeden Abend an meinen Fenstern auf der Düne vorbei, — Sie sind regelmäßig das erste, was ich sehe, wenn ich aufstehe, und das letzte, was ich sehe, wenn es dunkel wird.

Collander
(spöttisch).

Und was sehen Sie dabei, Sie große Psychologin?

Karla
(wirft den Kopf nach ihm zurück).

Bin ich auch eine Psychologin?

Collander.
Gewiß! Ihr Spiel ist lauter psychologische Analyse.

Wetterberg.
Das ist ja ein Unsinn.

Collander
(heftig).

Herr von Wetterberg, Sie sind unhöflich gegen Fräulein Bühring —!

Karla
(vergnügt lachend).

Gott bewahre, Meister Collander, — er ist höchstens unhöflich gegen Sie. Aber damit hat es ja auch gar nichts auf sich. Sprechen wir lieber darüber, was ich an Herrn von Wetterberg sehe ... Ich sehe jeden Morgen, wenn ich aufstehe, und jeden Abend, ehe es dunkel wird, einen jungen, distinguierten, strengen Herrn, der gewissermaßen neben sich selbst immer mit dem Hut in der Hand geht.

Collander
(lacht).

Gut portraitiert!

Wetterberg
(ruhig).

Wie meinen Sie das?

Karla.

Ich meine, daß Sie sich immer mit so einem auserlesenen Respekt behandeln.

Wetterberg.

Gewiß. Das ist ganz richtig beobachtet. Ich behandle mich auch mit Respekt. Ich darf sogar hinzuzufügen, daß ich mich mit größerem Respekt behandle, als ich für die meisten anderen Menschen übrig habe. Das ist unzeitgemäß. Das geb' ich zu. In unserem Plebejer-Zeitalter geht man ja in der Menschenauffassung gern von der Prämisse aus: ich bin ein Lump, ergo seid ihr alle anderen Lumpen.

Collander.
Also für unsere Zeit steht — nach der Auffassung des Herrn von Wetterberg — die Frage: Lump oder Don Quixote?

Karla.
(hat eine Weile mit ihrem Sonnenschirm auf dem Boden gestrichelt, sieht auf und Collander ins Gesicht).
Gott, was Sie eigentlich für eine Bocksphysiognomie haben, Herr Collander!

Collander
streicht sich den spitzen Bart und fährt fort sie mit dem konzentrierten, greifenden Blick anzusehen).
Pan war auch nur ein Bock, gnädigstes Fräulein. Und die schnellfüßigen Nymphen ließen sich nicht von blonden, selbstzufriedenen Griechenbengeln, sondern von bocksbeinigen Satyrn entführen —

Karla
(ist bequem, fast schlaff in den Stuhl zurückgesunken, ihre Nüstern blähen sich leicht, ihr blinzelnder Blick bleibt gefangen von den seinen).
Animalischer Magnetismus — wie?

Lilli

(die die ganze Scene über mit verhaltener Bewegung von Karla zu Wetterberg gesehen, kommt wie angezogen näher. Wetterberg sieht sie fragend an. Lilli schlägt befangen die Augen nieder).

(Ein Windstoß vom Meer schlägt beide Thürflügel weit zurück und bringt die Vorhänge in Bewegung Ganz fern an der Horizontlinie sieht man ein paar Lustkutter mit blendend weißen Segeln vorübergleiten).

Karla

(wie erwachend, mit einem tiefem Atemzug).

Ah! Wie das gut thut! Es war so heiß! (Steht auf.) Wie der Wind erfrischt! (Streckt die Arme mit einer weichen Bewegung empor). Das Leben ist eigentlich so schön, so schön — es ist gar nicht zu sagen wie! (Sieht den Böten nach.) Wie das gleitet — wie ein Vogel mit großen, glänzenden Flügeln! (Zu Lilli, die ten Kopf hängen läßt.) Komm, Lilli, nicht so traurig sein! Man muß froh sein aus sich selbst, sonst ist man nicht recht froh.

Lilli
(gedrückt).

Bist du das, Karla?

Karla
(voll).

Ja, das bin ich. Ich weiß auch gar nicht, wie mir ist. Seit ich hier bin, werde ich froher von Tag zu Tag, weiß Gott warum? Und dabei ist mir's immer, als stände mir das Beste erst be=

vor und käme mir näher von Tag zu Tag. Das ist das Glücksgefühl, Herr von Wetterberg, nicht wahr?

Wetterberg
(neigt stumm den Kopf).

Collander
(einschmeichelnd, mit heißem Blick).

Das ist das Glücksgefühl, das Sie mit sich bringen und ausstrahlen — Glücksbringerin! (Faßt und küßt ihre Hand.)

Neunte Scene.

Hildegard ist, während Collander spricht, aus der Seitenthür vorn links eingetreten; stutzt, mißtrauisch).

Hildegard
(von oben herab).

Entschuldigung, wenn ich unterbreche —

Karla
(kehrt sich ihr fragend zu).

Collander
(düster, förmlich).

Meine Frau!

(Vorhang.)

Zweiter Akt.

(Karlas Wohnung.)

Ein gewöhnliches Fischerhaus. Großes niedriges Zimmer. Offene Glasthür im Hintergrunde. Zu beiden Seiten derselben kleine viereckige Fenster mit Zuggardinen. Rechts und links Thüren. An der einen Seitenwand ein altertümlicher bemalter Schrank, an der anderen eine bauchige messingbeschlagene Kommode, darauf eine Thonvase mit einem mächtigen Blutbuchenzweig. Im Vordergrunde eine Chaiselongue, belegt mit einem schwedischen Kunstgewebe, daneben ein Tisch, einige Stabstühle und dito Lehnstühle. Durch die Glasthür und die Fenster sieht man auf die weiße Düne und dahinter auf das weite, ruhige, tiefblaue, glänzende Meer. Es ist mondhell, ohne daß man den Mond sieht, eine stille, schwüle, leuchtende Nacht.

Erste Scene.

Nanny, Karla

(Karla halbliegend auf der Chaiselongue in einem ganz leichten Empirenegligé, Hals und Arme bloß. Neben ihr auf dem Tisch die Violine, die sie eben zurückgelegt hat. Noch ehe der Vorhang aufging, hat man sie spielen hören. Sie ist nicht gut aufgelegt, fieberisch, unruhig).

Karla

(lehnt sich ganz zurück, streckt die Arme über den Kopf empor und verschlingt die Finger).

Ach ja, ja, ja. Es ist immer eins und dasselbe (gähnt).

Nanny.
Darf ich das Theegeschirr wegräumen?

Karla.
Ja, selbstverständlich. Wie lange soll's hier stehen?

Nanny
(eine kleine Person, mit glattem schwarzem Haar, langsamen, würde= vollen Bewegungen).

Fräulein sollten sich verheiraten. Das taugt nichts, so allein zu sein.

Karla
(gleichgültig).

Ihnen taugt's doch, Nandl.

Nanny
(lächelt selbstgefällig).

Ich bin doch noch nicht so alt.

Karla
(belustigt).

Wie ich! Nein, so alt sind Sie nicht. Aber wie alt sind Sie denn eigentlich, Nandl?

Nanny
(klappert etwas stärker mit den Tassen, scheint aber nicht zu hören)

Karla
(beugt sich vor, schreit ihr ins Ohr).

Wie alt sind Sie, Nandl?

Nanny.

Au, so zu schreien. Mir ist's Ohr zugefallen.

Karla.

Ihnen fallen gar nicht selten die Ohren zu. Also — im Vertrauen (heimlich flüsternd). Wie alt sind Sie, Nandl?

Nanny
(nach einigem Besinnen, zögernd, verlegen, entschuldigend).

Ich bin halt dreiundzwanzig.

Karla.

So? Als Sie zu mir kamen, sagten Sie, Sie seien vierundzwanzig.

Nanny
(ohne von ihrer Würde zu verlieren, trocken).

Ich ging in mein vierundzwanzigstes.

Karla.

Ja so! Wie lang sind Sie denn jetzt schon bei mir, Nandl? (Zählt murmelnd an den Fingern.) Sie kamen Februar vor'm Jahr, jetzt haben wir — was haben wir heute, Nandl?

Nanny.

Den ersten September.

Karla.

Vor anderthalb Jahren gingen Sie also in Ihr

vierundzwanzigstes, Nandl. Wenn Sie noch andert=
halb Jahre bei mir bleiben, werden Sie neun=
zehn sein.

Nanny
(zuweilen stark in ihren heimatlichen Dialekt verfallend).

Mei' Mutter sagt immer, vor sei'm dreißigsten
oll man nit heiraten. Das is wegen die Kinder.
Es kommen nachcher schon genug.

Karla.
Ja, da haben Sie recht, Nandl.

Nanny.
Aber was das gnä'ge Fräulein is, derfet's schon
daran denken. Das G'schlepp mit dem Herrn Col=
lander, dabei kommt doch nichts 'raus. Das ist doch
nichts für Sie. Fürs Herz is da doch nichts zu
holen und a Frau hat er auch — recht a beese, die
ihm immer überall nachlauft. Da ist der Herr
von Wetterberg ganz a anderer Herr. (Enthusiastisch.)
A sauberer Herr. Und auf den derfet's traun!

Karla
(liegt auf dem Sofa, apathisch).

Hast du vielleicht die Probe darauf gemacht?

Nanny.
Das verbitt' ich mir, das fade G'spaß! (Wieder
im früheren Ton.) Aber immer mit der Geigen rum=

ziehn, die Woch in Paris und die andre in London und nachher in Wien und dann vor die Berliner, — da haben das gnä'ge Fräulein doch auch scho' ka' Freud mehr dran.

Karla
(müde).
Nein, da hab' ich wirklich keine Freude mehr dran.

Nanny.
Überdrüssig seind's — isch recht. A ledigs Weibsbild, — das is ja ka' Leben. Und die Herrn, die ei'm so unterlaufen bei's Reiseleb'n und die Ross' ausspannen und Sträußer schicken und ihr Aufwartung machen ... das sein doch auch bloß g'spaßige Leut.

Karla.
Ja, ja, Nandl, (stützt sich auf den Ellenbogen) es ist alles so lang wie breit. Es ist kein Leben. Nicht für Sie mit Ihren Dreiundzwanzig und nicht für mich mit meinen Neunundzwanzig. Courmacher haben wir, Bewerber haben wir —

Nanny
(verächtlich).
Wir hab'n uns ja auch was d'rspart.

Karla.
Aber wer liebt uns, Nandl ...

Nanny.
(überlegen).

Des isch nur für die Langweil'! — Aber von dem Herrn Collander möcht ich Ihnen nur raten, sich nichts aufschwatzen zu lassen. Der lauft hier bei Tag und Nacht, hätt' ich bald gesagt, und Ihnen thut er so recht verliebt und mich zwickt er in die Backen — aber a recht a Wiescher ist's... (schrickt zusammen). Horchet's... da ist wer!

Karla
(hat währendem dann und wann einen Griff in die Violine gethan, daß sie schrille Klänge von sich giebt, sie hält damit inne).

Nanny
(hat gelauscht).

's war wohl nichts... recht schwül is. (Gähnt.) Dürfet ich nun die Thür'n versperr'n und mich niederlegen?

Karla.

Ja, gehen Sie, verschlafene Person. Aber lassen Sie die Thüren und die Läden offen, ich will Luft haben.

Nanny.

Da kommt noch wer... das prophezeie ich. Aber dann schießen's, 's Revolverl liegt nebenan im Nachttischerl.

(Ab mit dem Theegeschirr nach links.)

Zweite Scene.

Karla, dann Lilli.

(Karla setzt sich auf, legt den Kopf in die Hände und wiegt sich hin und her, gähnt spasmodisch, legt sich wieder zurück).

Karla.

Langweilig — alles ... Wenn doch Wetterberg sich einmal bei mir zeigte!

Lilli
(von draußen).

Karla!

Karla
(springt auf, zitternd, sieht sich um, angstvoll, gespannt).

Wer ruft?

Lilli
(im Fenster).

Darf ich herein? Ein klein wenig?

Karla
(nickt).

Lilli
(durch die Thür).

Ich kann noch nicht zu Bett, ich kann noch nicht allein sein ...

Karla.

Wo warst du denn?

Lilli.

Ich komme von Collanders!

Allein?

Karla.

Lilli
(nicht ohne sie anzusehen).

Karla.

Den weiten einsamen Weg vom anderen Bade=
orte ... heute am Sonnabend, wo so viele betrun=
kene Fischer —

Lilli.

Ich lief auch und lief. Ich war halb verrückt
vor Angst.

Karla.

Hat Collander dich denn nicht begleitet?

Lilli.

Nein. Er bot sich nicht an.

Karla.

Da werd' ich ihm doch ...

Lilli
(angstvoll bringend).

Sprich nicht davon. Er war nicht allein.

Karla.

Wer war denn bei ihm?

Lilli
(zögernd und wegsehend).

Wetterberg.

Karla
(empört).

Und der ließ dich allein laufen. Und wohnt hier im Ort.

Lilli
(mit erstickter Stimme).

O Karla! (Sie wirft sich mit einer plötzlichen heftigen Geberde auf die Knie, den Kopf in die Chaiselongue.)

Karla.
Komm, komm, was ist's?

Lilli.
Ich hab' es lang erfahren. Das elendeste auf Erden ist ein einsames Mädchen (sie spricht in kurzen Absätzen, mit immerfort erstickender Stimme) und ein selbstständiges Mädchen, das sich versorgen kann, das ist das allerschlimmste, denn ihm gegenüber hören die Männer auf Männer zu sein ... das weiß ich schon ... (Steht auf.) Aber wie ich heute gekränkt, getreten und beleidigt worden bin ... wie ich es heute zu fühlen bekommen habe ... das war gemein ... das war zu viel! (bricht in krampfhaftes Schluchzen aus).

Karla.
Aber so sag' doch, was ist denn geschehen?

Lilli.
Ich kann's nicht sagen ... ich mag's nicht ... ich mag nicht dran denken ... ich werd' mir selbst

so dadurch zuwider . . . kannst du verstehen, Karla, daß man sich selbst so zuwider werden kann durch etwas, woran man doch ganz unschuldig ist, woran man nichts davon, noch dazu thun kann, etwas, das einem geschieht, oder eigentlich, daß es Einem nicht geschieht. . . .

Karla.
Ob ich das alles verstehen kann, du armes Kind! Frag doch lieber, ob ich mein Lebenlang in der Luft schwebend verbracht habe? Nein du, jedes Mädchen, das sich als Weib fühlt und keine Gans oder in Eitelkeit erstickende Millionenerbin ist — jede, jede hat das gefühlt . . . das — — das — — das ihr bestes Weibsein, ihr drängendstes Weibempfinden, geknebelt, getreten, gehöhnt und verachtet wurde, bis etwas in ihr zersprang oder verstümmelt war. Dann war sie zugerichtet für's Leben! Dann — mit dem anderen, dem künstlichen, dem angekünstelten Weibsein, war sie so, wie man sie haben wollte, — die Umworbene, die Gesuchte, die Verführerin und Verführte des Mannes . . . die Hündin, mit den Hunden auf den Fersen. Dann durfte sie Gattin, Mutter, Geliebte, Ehebrecherin, Dirne werden — und alles ward ihr vergeben. Und alles wurde an ihr bewundert. Nur

sie — — sie selbst — — so wie sie war, als sie zum Weib erwachte — das durfte sie nicht sein, das wurde nicht an ihr geduldet — — das, das, was ihr Ich war — ihr Weib=Ich...

Lilli.

Karla, Karla, du zitterst ja, du weinst. Sag mir, Karla, sag mir, du, wie weißt du — du, die gefeierte, vergötterte Modegröße — —

Karla
(bitter).

Ja ich, die Modegröße... da sagst du's.

Lilli.

Sancta Cäcilia mit der Violine, wie dich jetzt, seit Collander das Wort gefunden, alle nennen.

Karla
(trocknet sich nervös die Augen, steht auf und geht unruhig hin und her).

Ja, Sancta Cäcilia zu werden, darauf hat mich das Leben zugerichtet. Und die heilige Katarina mit dem Rad — das wird dein Schicksal sein....

Lilli
(zittert).

Karla, Karla... du siehst mein Inneres —

Karla.

Was ist da zu sehen, ist das nicht ganz einfach? Werden wir nicht mißhandelt von Kindheit an? Hat deine Mutter dich nicht abgerichtet, wie meine Mutter mich, zur Dienstbotin ihrer Eigensucht, zum Prügel= kind ihrer üblen Launen, zum Affen ihrer Zärtlich= keit? Hat sie dich nicht eingesperrt in die heiße, un= gelüftete Stube, wenn draußen der Frühling lachte, bei dummen Handarbeiten? Und dir die frische, schöne Luft verbittert durch den Putz, in den sie dich steckte, wenn sie dich ausgehen ließ? Hat sie nicht alle deine jungen Hoffnungen vergiftet mit der Galle ihrer eigenen Lebensenttäuschungen, und deinen guten, frohen, unbewußten Glauben an dich selbst geknickt durch Sticheleien auf deine Häßlichkeit — —

Lilli.

Das warst du nicht Karla, nicht wie ich —

Karla
(lacht).

Das bist du auch nicht. — Das Eigenartige und Persönliche am Weibe wird nur immer von allen anderen Weibern als Häßlichkeit empfunden und übrigens von vielen Männern auch. Wir müssen alt und gerupft geworden sein — ehe man uns begehrt und liebt.

Lilli.

Karla, Karla, was hast du heute?

Karla.

Ich habe nichts heute, als was ich alle Tage habe . . . nur daß es so schwül heute ist und so ein Locken in diesem Licht, und da kommt alles herauf, was ich sonst hübsch niederhalte . . . (ausbrechend). Ich will leben, ich will leben — mein Leben, das ich nie leben darf —

Lilli.

Aber Karla, hast du denn nicht gelebt — du —

Karla
(kehrt sich lachend um).

Gelebt? (Faßt Lilli unters Kinn.) Wenn du meinst, daß ich kein so unschuldiges Mädchen bin wie du . . . das ist schon richtig. Man wird nicht berühmt wie ich, ohne Tribut zu zahlen. Man bringt's auch zu nichts in der Kunst als — — so ein unschuldiges Mädchen. Aber mein Leben gelebt, wie ich mir's verlange . . . das hab' ich doch nie . . .

Lilli.

Auch du nicht —?

Karla
(spöttisch).

Ich bin noch immer Sancta Cäcilia mit der Geige. Ich spiele meine Sehnsucht, meine Sehnsucht, meine Sehnsucht. (Ganz einfach sprechend.) Das ist das Geheimnis meiner unbegriffenen Wirkung Ich spiele ihre schlaffen Lüste wach, daß sie zittern und brennen und kitzeln. Das ist, was sie von mir verstehn. Übrigens, das ist ja alles dummes Zeug. (Wirft sich der Länge lang aufs Sofa und gähnt.) O wie ich müde bin! (Streckt die Hand aus). Komm, kleine Lilli. Erzähl mir noch rasch, wie's bei Collanders war, dann geh' ich zu Bett.

Lilli.
Ach, da war gar nichts.

Karla.
Warum bliebst du denn so unvernünftig lange?

Lilli.
Sie ließ mich ja nicht weg, die schöne Frau Hildegard. Sie bat mich so flehentlich bei ihr zu bleiben. Es hat wieder eine furchtbare häusliche Scene gegeben —

Karla.
Wegen wem?

Lilli.
Wegen der Eschenmeyer, glaub' ich. Auf die ist sie furchtbar eifersüchtig.

Karla
(spöttisch).

Nein, wirklich?

Lilli.

Sie scheinen sich nun wirklich zu trennen, Herr und Frau Collander. Sie beriet den ganzen Abend mit mir, wo sie sich mit ihren Kindern niederlassen könne... In der vorigen Nacht war er zu ihr in ihr Schlafzimmer gekommen —

Karla.

Ei.

Lilli
(ohne die Unterbrechung zu verstehen).

Und da hatte ein Wort das andere gegeben, und schließlich hat er sie bei der Kehle gepackt.

Karla.

Da wird sie wohl mit Ausdauer darauf hingearbeitet haben.

Lilli.

Und jetzt fürchtet sie sich wieder vor der Nacht und noch mehr vor ihrer Einsamkeit.

Karla.

Vor der wohl am meisten.

Lilli.

Und so hielt sie mich und hielt sie mich, bis es ein Uhr war... immer unter dem Vorwand,

Wetterberg, der spät gekommen war und den Collander gleich in sein Zimmer mitgenommen hatte, würde mich begleiten.

Karla.

Und darum ließest du dich halten.

Lilli
(verwirrt).

Karla, — ach nein!

Karla
(faßt sie unter's Kinn und hebt ihr den Kopf empor).

Ich sehe es ja! Der Wetterberg, der hat was für uns Frauen.

Lilli
(rasch).

Auch für dich?

Karla
(kurz).

Erzähl' weiter.

Lilli.

Schließlich sagte sie: jetzt geh' ich hinein und sag', daß Sie gehen, es ist jetzt auch Zeit, daß er geht. Aber sie kam allein zurück. Er blieb. Da nahm sie ihr Tuch um und begleitete mich selbst ein Stück, und dann lief ich und lief ich, bis ich hier war.

Karla.

Wetterberg ist ein Dickkopf. Das ist das Unglück mit ihm. Er merkt nichts. Aber das ist ein allgemein männliches Laster. Sie haben keinen Instinkt. Sie kommen nie, wenn der Tisch für sie gedeckt ist. Erst wenn ein anderer schon von dem gegessen hat, was für sie bestimmt war — — (Bricht ab, starrt lange vor sich hin). Ja, gute Nacht, Lilli. Nimm dir's nicht mehr zu Herzen, als es verdient. Es ist noch nichts dabei verloren. (Zündet das Licht an). Willst du nun oben auf dein Zimmer, oder fürchtest du dich heut allein?

Lilli
(schweigt einen Augenblick, bittend).

Laß mich hier bleiben . . . ich leg' mich auf die Chaiselongue, bis es hell wird, dann geh ich hinauf.

Karla.

Ja, ja, wie du willst. Gute Ruhe.
(Sie geht mit dem Licht durch die Thür links, die halb offen bleibt. Man sieht drinnen das Fußende eines weißen Bettes und einen weißen Putztisch. Der Lichtschein fällt ungefähr vom Kopfende des Bettes heraus.)

Lilli

geht müde durchs Zimmer, zwecklos, wie etwas suchend. Sie schauert ein paar Mal stark zusammen, schüttelt langsam und traurig, wie in innerem Selbstgespräch, den Kopf und wiegt sich hin und her, wie man einen Kummer wiegt. Dann wacht sie gleichsam auf, wickelt sich in ihren mitgebrachten Shawl und kauert sich auf dem Sofa zusammen in der Stellung eines müden Kindes, das einschläft.

Das Licht in Karla's Schlafzimmer erlischt. Der Mondschein draußen ist verschwunden. Die Luft ist dunkel und grau, von jener öden, fahlen Färbung, die sie annimmt, wenn es gegen Morgen geht. Es ist lange ganz still, man hört nur das schwache Anschlagen der Wellen am Strande.

Dritte Scene.

Plötzlich hört man Karlas Stimme drinnen in einem angstvollen dumpfen Aufschrei.

Lilli.
(hebt schlaftrunken den Kopf).

(Pause.)

(Der Schrei kommt wieder, wacher, angstvoller:)

Karlas Stimme.

O Gott! O Gott ... ich kann nicht ... ich kann nicht.

Lilli
(liegt mit aufgerissenen Augen, lauschend).

Karla
(im Nachtkleid, mit bloßen Füßen, losem Haar, mit einem Satz durch die Schlafzimmerthür).

Ich will nicht aufhören .. ich will nicht ... ich will nicht (in furchtbarer Bedrückung) und keine Hilfe ... keine Möglichkeit ... muß! Nein! Muß ... Nein, nein ... O Gott, Gott, Erbarmen ... und kein Gott ... kein Erbarmen.

Lilli
(springt auf).

Um Gotteswillen, Karla, was hast du?

Karla.

Du . . . du kannst mir nicht helfen . . . du mußt auch sterben . . und ich auch . . ich auch . . . alles . . . alles . . . dieser Erdball, der mit uns rollt . . . immer rollt, so dumm — ins Dumme . . . Leere . . . alles . . alles muß vergehen . . . eines Tages ist nichts mehr davon da . . . es ist, als wäre nichts gewesen . .

Lilli
(ergriffen).

Aber Karla, wie kommst du denn darauf?

Karla.

Weißt du, was ich nicht begreife . . wie man **nicht** darauf kommen kann?

Lilli.

Hast du schlimm geträumt . . . ?

Karla.

Ich habe gar nicht geträumt. Ich war eben im Einschlafen. Das kommt mir sehr häufig. So, wenn das Licht ausgelöscht ist und alles ist schwarz um einen herum — und still . . . dann kommt es auf einmal . . es ist keine Zunge, die es spricht . . . es sind auch nicht meine Ohren, die es hören

... es klopft nur und klopft, ganz dumpf und schwach, wie ich die Pulsschläge in meinem Blut klopfen höre ... es ist ganz was Körperliches — die Pulsschläge klopfen und klopfen: aufhören, aufhören, du mußt' aufhören .. du hast einen Anfang, du hast ein Ende ... und es klopft und klopft in meinem Blut ... leicht und dünn wie beim Kind ... voll und tanzend wie beim jungen Mädchen ... dumpf und heiß .. das bin ich, wie ich jetzt bin ... Aber sie werden matter werden, schleichend matt und blaß, wie sie jetzt rot und hämmernd sind ... und ich bin vorbei ... aus ... (mit dem Ausbruch der äußersten Verzweiflung). Alles ... alles ... alles wird leben ... viele andere neue Leben ... Leben ... Leben ... überall ... nur mein Leben nicht ... ich bin nicht mehr mit ... ich weiß nicht mehr von mir ... keiner weiß von mir ... ich bin nicht! Und habe nie gehabt, worin ich voll und ganz und gegenwärtig gewesen wäre ... !

Lilli
(bewegt).

Du, Karla, kannst so viel, daß dein Nachruhm —

Karla
(lacht schrill auf).

Nachruhm ... was mach ich damit ... was geht's mich an, ob ich ihn haben werde ... oder

nicht haben werde — denn schon noch eher in den
Kindern leben, (bitter) die ich nicht habe! Das wäre
aber auch kein Trost.

(In der offenen Thür erscheint Collander, keine bemerkt ihn).

Lilli.
Komm Karla, beruhige dich.

Karla.
Womit soll ich mich denn beruhigen? Du mußt
ja ebenso sterben wie ich . . und wenn hier —
statt deiner der Mann jetzt säße . . . der alles,
alles das hätte und mir gäbe . . was ich nie finden
werde . . . der alle meine Sehnsucht Erfüllung
werden ließe in seiner Umarmung . . . glaubst du,
ich würde es nicht mit zitterndem Rückenmark fühlen,
daß er auch sterben muß ! . . daß er es auch nicht
zu geben hat . . . das . . . das (spricht sehr schnell und
geschäftig und setzt sich dabei mit Lilli auf's Sofa. In einem be=
weisenden Ton, etwa wie eine Frau die Vorzüge einer Toilette vor
einer anderen hervorhebt). Sieh, Lilli, es ist doch eigent=
lich alles unsicher in der Welt, und weil alles un=
sicher ist, darum kann man auch alles erreichen.
Man ist nicht hübsch! was thut das? Man bildet
es den den Leuten ein, daß man hübsch ist. Und
das nichthübsche Weib, das nicht dumm ist, wie das
geliebt wird, — wenn es geliebt wird . . . daneben
können die größten Schönheiten einpacken. Oder

man ist arm, unterdrückt, von ärmlichen gedrückten Eltern, geboren, aufgewachsen in einem entlegenen Krähwinkel .. das war alles mein Loos ... was thut das? Man arbeitet sich heraus .. man bricht durch ... Weißt du, die meisten Menschen gehen gar nicht daran zu Grunde, daß sie sich überanstrengen. Im Gegenteil, sie gehen daran zu Grunde, daß sie sich nicht genug anstrengen ... es zwingt sie nichts dazu, ihr ganzes Kapital einzusetzen: sich in einem äußersten „Ich will" zusammenzufassen und durchzubrechen und sich durchzusetzen. Das hab ich gekonnt und werd's wieder können, so oft es nötig wird. Davor fürcht' ich mich nicht. Auch vor dem Sterben fürchte ich mich nicht. Ich bin nicht bange ... solang' ich meine Augen offen habe ...

Lilli.
Ja, was fürchtest du denn?

Karla.
Das Todsein fürchte ich! Das Nichtmehrsein! Und das Altern. Aber das nicht so sehr (mit ausgestreckter Faust, als hielte sie etwas auf sie Eindringendes von sich ab), denn das kann ich aufhalten. Aber den Tod nicht. (Mit einem Blick seitwärts, als sähe sie ihn). Der ist immer nebenher, immer nebenher. Das ist das Grauenvollste, man trägt den Tod in sich ...

Lilli
(hat eine Bewegung gemacht und die Gestalt vor der Thür erblickt, tötlich erschrocken).

Karla, wer steht da?

Karla
(aufgeregt, kehrt sich geschwind herum).

Wo? Der?

Vierte Scene.

Collander. Karla. Lilli.
Karla und Lilli klammern sich fest an einander.

Lilli
(flüsternd).

Komm weg, Karla .. wir schließen uns ein.

Karla
(laut, mit einem Grauen in der Stimme).

Wer ist da? Was will er?

Collander
(langsam näher tretend).

Ich werde nicht erkannt ...

Lilli.
Es ist Collander. Laß ihn nicht herein.

Karla
(mit sonderbarem Ton).

Collander ...

Collander
(weiter ins Zimmer schreitend, erregt).

Ja, ich bin es ... ich kam hier vorbei ... ich hörte einen Aufschrei aus dem Hause ... einen Angstschrei Ihrer Stimme ...

Karla.
Woher wußten Sie, daß es meine Stimme war?

Collander.
Weil ich Ihre Stimme in meinen Nerven habe, wie Ihren Bogenstrich. Ich würde sie erkennen unter dem Aufschreien von tausend Frauenstimmen. Und da blieb ich stehen. Ich horchte. Ich hörte den Aufschrei wieder. Ich suchte im Dunkel nach dem Eingang und fand ihn offen ... Sie standen beide hier ... und ich stand draußen ... und hörte die Ausbrüche Ihrer lechzenden, unbändigen Seele ... hörte Ihre Schauer vor dem Tode, in die sich Ihr Lebensdrang verkleidete, — moderne Titanin!

Karla
(verächtlich).

Phrasen!

Collander
(hitzig, ganz nahe bei ihr).

Karla, Sie fordern den Mann in mir heraus, den ich schwer genug niederhalte. Behandeln Sie mich nicht so —

Karla
(hochmütig).

Wie soll ich Sie denn behandeln. Was schleichen Sie hier herum in der Nacht?

Collander
(heftig und im selben Ton).

Weil ich ein Friedloser bin, wie Sie, für den diese Welt nichts ist, nichts hat, nichts giebt . . . nichts zu begehren enthält, außer Ihnen — die ich nicht haben kann.

Karla
(höhnisch).

Freilich nein!

Collander
(noch näher).

Die ich aber haben will . . .

Lilli
(nervös aufgeregt, hält ihre Hand).

Karla, schick ihn weg, Karla. Laß ihn nicht länger bleiben.

Marholm, Karla Bühring.

Collander
(mit einem Blick auf Lilli).

Ist die Vertraute meiner Frau zugleich Ihre Wächterin?

Karla.

Ich bin meine eigene Wächterin. Geh, Lilli, laß dir von Nandl auf dein Zimmer leuchten.

Lilli
(angstvoll).

Ach nein, Karla!

Collander.

Aber nun bin ich bald wieder ein freier Mann, der eine andere Sprache zu Ihnen führen und zu allen Stunden Ihr Haus betreten kann. Sie fragen, warum ich mich hier herumtreibe? Weil ich ein Obdachloser bin. Ich habe diese Nacht mit dem stumpfen, plumpen Geschöpfe, das ich in einer unglückseligen Stunde — ein junger Enthusiast damals — um seiner brutalen Schönheit willen, zum Weib nahm, einen Kampf gehabt, den kein Mann zum zweiten Mal zu bestehen Lust hat — den Zweikampf mit einer Wahnsinnigen . . . einer mordgierigen Bestie —

Lilli
(ganz leise).

Karla ! !

Karla
(hört sie nicht).

Lilli
(geht traurig, zögernd links ab).

Fünfte Scene.
Collander. Karla.

Collander.

Ich habe mich dabei innerlich von ihr losgerissen, wie ich es äußerlich gethan. Ich gehe nicht mehr zu ihr zurück — ich verlasse sie . . für immer. Ich habe sie in mir überwunden. Sie ist von mir abgefallen. Nach einer zwölfjährigen Ehe, die ein langsamer Meuchelmord an mir war . . .

Karla.

Warum ertrugen Sie ihn?

Collander
(hitzig).

Mein Gott, das begreifen Sie nicht? Weil ich sie liebte . . . weil sie wußte, wie ich geliebt sein wollte und es anzuwenden verstand . . . weil ich sie mir zur Liebe erzogen hatte . . . in diesen Punkte, wo die meisten Frauen so unsäglich dumm sind . . .

Karla
(mit einem eigenen Lächeln).

So . . . so . . . sind die Frauen so unsäglich dumm!

Collander.

Nicht Sie, Karla. Sie sind die einzige, die von Natur ist, was sonst die Bestveranlagten nur erlernen. Karla! Ich habe lange nach Ihnen gelechzt . . . seit jenem ersten Abend, wo ich Sie spielen hörte . . . Ihre wilde, heiße, frische Sehnsucht hinausspielen hörte unter die stumpfen, flachen, feigen Männer unserer Zeit . . . seitdem war ich von Ihnen besessen — — (Er hat, während er in sie hineinspricht, sie immer weiter und weiter rückwärts gedrängt nach der Chaiselongue, bis sie keinen Ausweg mehr hat. Bei den letzten Worten, faßt er mit einer plötzlichen Bewegung ihre beiden Hände).

Karla
(sich wehrend).

Collander, hören Sie auf . . . lassen Sie mich los! ich will Sie nicht weiter hören.

Collander.
(versucht, sie auf den Sitz niederzudrücken).

Du sollst mich weiter hören, du hast mich hier schon zu lange bleiben lassen. Ich zwinge mich nicht mehr. Du bist mein mit dem Recht der verwandten Naturen.

Karla.
(keuchend).

Lassen Sie mich . . . ich bitte Sie . . . ich bin nicht ich selbst heute . . . ich habe keine Macht über mich . . . .

Collander.
Du bist du selbst heute . . . Heute bist du du selbst, Karla . . . (küßt sie), Karla! (küßt sie heftiger) Mein bist du . . . ich nehme dich . . . du schenkst dich mir — mir — —

Karla
(ermattend).

Nicht küssen, nicht küssen —

Collander.
Du . . Du . .

(Vorhang).

Dritter Akt.

(Lesezimmer im Badehotel.)

Die rechte Seite schneidet stumpf nach dem Hintergrunde ab und besteht aus einem riesigen, vielscheibigen, die ganze Breite der schrägen Wand einnehmenden Fenster, durch das man die Aussicht auf das Meer hat, dessen Horizontlinie für den Zuschauer sichtbar ist. Es ist ein grauer, woltiger Sturmtag. Rechts vorn eine Thür. Im Hintergrunde eine breite Flügelthür, die zuweilen offen bleibt und den Ausblick auf das dahinterliegende Café gewährt, an dessen Tischchen Gruppen von Badegästen frühstücken. Links hinten eine Thür, vorn ein mit langen Gardinen verhängtes Fenster. Vor diesem Fenster ein doppelsitziger Schreibtisch, hinter demselben mehr zur Mitte ein Tischchen und einige Wiener Stühle herum. An der Hinterwand links Haken, an denen eine Menge Zeitungen herabhängen, rechts ein Stativ für Hüte und Überzeug. Gleich neben dem breiten Fenster rechts ein kleiner Nickelofen, durch dessen Glasscheiben man das Feuer leuchten sieht. Um denselben eine Gruppe niedriger Lehnstühle. In der Mitte des Vordergrundes ein breiter grünbezogener Tisch, auf dem eine Menge Zeitungen, Zeitschriften 2c. liegen. Herum grüne hochrückige Stühle.

Erste Scene.

Frau Eschenmeyer, in elegantem Morgenkostüm, sitzt zwischen Ofen und Aussichtsfenster und liest in der „Revue des deux mondes". Collander steht an der Wand und sucht in den Zeitungen. Ein kurzsichtiger Herr sitzt an dem kleinen Tischchen bei seinem Morgenkaffee und studiert die „Times".

Collander

nimmt ein Blatt von der Wand, geht zu dem Herrn).

Entschuldigen Sie.

Der kurzsichtige Herr
(höflich).

Bitte ergebenst.

Collander.

Ich sehe, Sie sitzen auf der Morgennummer der „Neuen Freien Presse". Ich möchte mir die höfliche Frage erlauben, ob das für Ihr Wohlbefinden durchaus erforderlich ist?

Der kurzsichtige Herr
(verwirrt).

Nein gar nicht, durchaus nicht, im Gegenteil —

Collander.

Ich dürfte also — ohne Ihnen Ungelegenheiten zu bereiten — mir erlauben vorzuschlagen, daß Sie sich auf die gestrige Abendnummer setzten und mir die heutige Morgennummer so lange zum Lesen überließen.

Der kurzsichtige Herr
(noch konfuser).

Gewiß, gewiß, wird mir sehr angenehm sein! (Erhebt sich).

Collander
(zieht die Zeitung hervor und legt die andere an die Stelle).
Verbindlichsten Dank.

Der kurzsichtige Herr
(eifrig).
Ganz auf meiner Seite, ganz auf meiner Seite!

Collander
(geht an den Mitteltisch, setzt sich in einen Fauteuil an der Langseite und fängt an zu lesen).

Frau Eschenmeyer
(ohne von der Revue des deux mondes aufzusehen).
Ich erwartete dich gestern.

Collander
(liest weiter ohne sich zu rühren).

Frau Eschenmeyer.
Und vorgestern bin ich in einer wahren Todesangst bis zum Morgengrauen zwischen den Dünen auf- und abgegangen — aber wer nicht kam, das warst du.

Collander
(ohne aufzusehen).
Ich konnte nicht. Du weißt, daß ich mit einer wachsamen Gattin gesegnet bin.

Frau Eschenmeyer
(verächtlich).

Puh! Die Gattin kenne ich. Soll ich dir sagen, wie sie heißt? Karla —

Collander
(kramt in den Blättern, steht dabei auf, ihr ins Wort fallend).

Bemüh' dich nicht unnötig.

Frau Eschenmeyer.
(weinerlich).

Du machst dir nichts mehr aus mir, Siegfried.

Collander
(obenhin).

Mehr als je. Aber du weißt, daß ich mich nicht allein auf dich beschränken kann, — das exponiert dich zu sehr.

Frau Eschenmeyer.
(höhnisch).

Ach und darum... ich danke für die Aufmerksamkeit!

Collander.

Begreife doch, daß, wenn man mich in mehreren Richtungen für engagiert hält — — tritt ans Fenster und streicht dabei ihre Wange mit seiner Hand). Hohlköpfchen! (Sieht hinaus). Da kommt dein Mann vom Bade.

Frau Eschenmeyer.

Ach Gott, schon! (Steht auf). Siegfried, laß mich nicht wieder unnütz warten. Es ist mir jetzt schon immer so himmelangst, von Eschenmeyer ertappt zu werden.

Collander.

Nun, dann sei mir doch dankbar, daß ich dich nicht in Versuchung führe.

Frau Eschenmeyer.
(piquiert).

Laß mich vorbei, rasch. Er glaubt, ich sei im Café. (Ab durch die Mitte).

Zweite Scene.

Eschenmeyer.
(groß, dick, jovial. Tritt von rechts ein).

Morgen, Morgen, Herr Doktor. Nicht gebadet? Wasserscheu?

Collander
(über den Zeitungen, trocken)

Ich dousche.

Eschenmeyer.

Douschen? Douschen? Wird man auch naß. Ist aber nicht das! (Geht auf und nieder, macht gymnastische Übungen mit den Armen). Herrliches Bad heute. Sticht wie mit Nadeln. War auch fast der einzige. Die übrigen Badegäste scheinen auch alle "gedouscht" zu haben, wie Sie. War keiner draußen, außer dem Wetterberg. Famoser Schwimmer.. ganz famoser Kerl überhaupt.. Race, Herr Doktor... Pardon, habe keinen Augenblick bezweifelt, daß Herr Doktor auch Race haben.. nur andere Race. Und die Karla Bühring, schwimmt schlecht, ist aber unvorsichtig... Frauenzimmer sind immer unvorsichtig!.. Wo ist denn meine Henne? Richtig, wartet ja auf mich im Café. Donnerwetter!

Collander
(sieht auf).

Was ergreift Sie?

Eschenmeyer.
(vor dem Aussichtsfenster stehen bleibend).

Sehe nur den Wetterberg zum ersten Mal die Cour schneiden... und bei der Karla! Könnte mir auch passen. Aber wir Germanen, wenn wir erst in den Dreißigern sind, werden zu faul. Man mag nicht mehr. Präliminarien sind zu anstrengend.
(Ab ins Café).

Collander

ist aufgestanden und sieht zum Aussichtsfenster hinaus. Runzelt die Stirn, zuckt die Achseln, nimmt Hut und Überrock vom Ständer und geht ins Café.

Dritte Scene.

Wetterberg. Karla. Lilli.

(Der kurzsichtige Herr geht ab).

Wetterberg

(öffnet die Thür rechts und läßt die beiden Damen voran gehen. Er ist während der ganzen Scene etwas nervös).

Karla.

Ach — wie hier warm und gut ist.

Wetterberg.

Sie blieben zu lang im Wasser. Das ist nicht ungefährlich —

Karla.

Nun, Sie erst —

Wetterberg.

Ich bin ein Stück von einem alten Durch=gänger, Fräulein Bühring. Die Frau, die mich einmal nimmt, findet keine ruhige Versorgung.

Karla
(interessiert).

So, so? Aber wenn man nicht gerade mit Ihnen schwimmt, oder Sie reiten sieht, dann merkt man's Ihnen nicht an.

Wetterberg.

Das will ich hoffen. Den Mund mit seinen Leistungen und Leidenschaften voll nehmen, das überlasse ich geistigen und socialen Emporkömmlingen — wie Collander und andere Streber.

Karla.

Sie verachten Collander?

Wetterberg.

Durchaus nicht. Er ist in seiner Weise ein höchst nützlicher Gärungspilz. Er zersetzt nnd befördert den Zerfall. Freilich auch ein sehr giftiger. Wo er sich einbohrt, da bringt er auch einen gesunden Organismus zum Faulen.

Karla
(sitzt vorn übergebeugt und schaut ins Feuer).

Er hat eine Eigenschaft, die manchem Besseren fehlt. Er weiß den rechten Augenblick zu treffen.

Wetterberg.

Das möchte ich bestreiten, dies Postulat von dem einzigen rechten Augenblick. Alles Gesunde

kann warten. Das Lebensstarke hat eine lange
Geduld.

Karla
(ohne aufzusehen).

Meinen Sie? Dann ist vielleicht der überheiße
Lebensdrang und der Schauder vor dem Leeren auch
nur ein krankes Lechzen — —

Wetterberg.

Nicht am Weibe, soweit ich das Weib verstehe. (Mit gesenkter Stimme). Und Sie sind für mich das Weib.
Denn je reicher es ist, desto mehr verlangt es nach
Inhalt .. und den findet es nicht in sich selbst.

Karla
(reicht ihm die Hand).

Sie sind ein guter Mensch, Wetterberg. Sie
denken nobel von uns Frauen. Sie wissen nicht,
wie nötig uns das ist.

Wetterberg.

Vielleicht wissen auch Sie nicht, was Ihre
Worte mir bedeuten, Fräulein Karla. (Er läßt ihre
Hand und behält sie in der seinen. Pause. Sieht auf, erschrocken).
Aber, was ist Ihnen?! Sie haben sich ja ganz ver=
färbt. Ihnen ist doch unwohl geworden nach dem Bade.
Was thue ich denn nur? (springt auf). Ich würde

Ihnen einen Kognak empfehlen. Aber das ist wohl nichts für Sie? (Karla schüttelt den Kopf). Eine Tasse Thee und etwas zu essen . . . nicht wahr? Ich bestelle es gleich selbst. (Ab ins Café).

Lilli
(die bisher lesend am Mitteltisch gesessen, aufgeregt).
Wie kannst du, Karla — wie kannst du?

Karla
(traurig lächelnd).
Was, du Kind?

Lilli
(mit einer Kopfbewegung nach der Thür, durch die Wetterberg gegangen).
Ihn ermutigen, nach dem —

Karla.
Nach dem . . . ?

Lilli
(hitzig).
Ja, nachdem . . . du weißt sehr gut, was ich meine.

Karla
(mechanisch).
Ich weiß sehr gut, was du meinst . . (mit Thränen in der Stimme). Aber es thut mir so wohl, wenn er spricht . . . es ist mir, als würd' ich gewiegt in starken, treuen Armen, ganz leise, behutsam und zärtlich, wie man ein Kind wiegt.

Lilli.

Und wenn er sich Hoffnungen macht . . .

Karla
(leise).

Die macht er sich wohl auch . . .

Lilli
(eifrig).

Das kann man ihm ansehn. Aber was denkst du dann zu thun?

Karla.

Ich denke gar nicht. Aber ich fürchte beinahe —

Lilli.

Was, Karla —?

Karla.
(mit einem sonderbaren, starren Blick).

Ich werde seine Hoffnungen **theuer zu bezahlen** haben.

Vierte Scene.

Wetterberg
Hinter ihm eine Kellnerin mit dem Bestellten.

Wetterberg
(holt das Tischchen vom anderen Ende des Zimmers und stellt es vor Karla).

So, setzen Sie her.

Kellnerin
(stellt das Brett mit dem Servierten hin).

Sonst befehlen die Herrschaft nichts? (Karla schüttelt den Kopf. Kellnerin ab).

Pause, während welcher Karla für sich und Lilli serviert.

Wetterberg
(sitzt, den Hut auf dem Knie).

Ja, nun ist auch das bald vorbei.

Karla.
Ja, der Sommer ist vorbei.

Wetterberg
(immer etwas angestrengt).

Ich habe wenig Gelegenheit gehabt, mit Ihnen zusammen zu sein, Fräulein Bühring.

Karla.
Sie suchten sie ja nicht.

Wetterberg.
Das ist meine Natur. Ich kann einem Menschen inwendig ganz nahe sein — und mich ihm doch äußerlich nicht nähern ... (Pause). Nun reise ich bald heim —

Karla
(sieht rasch auf, Lilli senkt gleichzeitig den Kopf noch tiefer und preßt die Hände im Schoß zusammen).

Marholm, Karla Bühring.   6

Karla.

Es ist ja noch nicht Herbst.

Wetterberg.

Nein. Aber die Ernte fällt in die nächste Woche und ich bin mein eigener Verwalter und Aufseher.

(Pause.)

Wetterberg.

(legt sich vorüber und sucht Karla's Blick, den sie gesenkt hält. Er richtet sich auf; gezwungen),

Ja, ich fürchte, ich habe den Damen meine Gesellschaft schon zu lange aufgedrängt — (macht Miene aufzustehen.)

Lilli

(leise, unwillkürlich).

Ach nein, gehen Sie noch nicht!

Fünfte Scene.

Durch die Thür links kommt Frau Hildegard Collander mit den raschen bestimmten Bewegungen einer erzwungenen Entschlossenheit. Karla, die ihr den Rücken zugekehrt sitzt, sieht sie nicht, dagegen Lilli, die unwillkürlich mit einem halben Ausruf aufsteht.

Hildegard

(näher kommend, mit harter Stimme).

Nein, Sie suche ich nicht, Fräulein Bloom. (Karla wendet sich um.) Ich weiß nicht, ob Fräulein Karla Bühring mir noch die Ehre erweist, mich zu kennen. Ich bin Frau Hildegard Collander.

Karla
(unsicher).

Sie wünschen etwas von mir?

Hildegard.
Ja — ich möchte mit Ihnen sprechen — (die beiden anderen mit einem Blick streifend) mit Ihnen allein!

Wetterberg
(steht auf).

Ich habe die Ehre, gnädiges Fräulein. (Verbeugt sich vor Karla). Gnädige Frau. (Verbeugt sich vor Hildegard).

Lilli
(niedergeschlagen, da er sie nicht beachtet).

Ich gehe auch.

Wetterberg
(öffnet Lilli die Thür. Beide ab.)

Sechste Scene.
Hildegard. Karla.

Hildegard.
Sie werden sich wundern, daß ich komme.

Karla
(gleichgiltig).

Ich denke nicht darüber nach.

Hildegard.
Sie werden schon darüber nachdenken, wenn ich gegangen bin.

Karla
(sieht sie aufmerksam an).
Keine Vorrede, nicht wahr — die ersparen Sie mir.

Hildegard.
Gut. Also gleich zur Sache. Das ist auch mir am liebsten. Denn wir bleiben hier wohl nicht lange ungestört. Und in Ihrer Wohnung konnte ich Sie nicht aufsuchen.

Karla.
Warum nicht?

Hildegard.
Weil ich meinen Mann dort treffen könnte.

Karla.
Das wäre möglich. Aber was thut das?

Hildegard.
Hier kann er mich nicht hindern, mit Ihnen zu sprechen, was ich will. Hier kann er mich überhaupt in nichts hindern, wenn er keinen Skandal hervorrufen will. Bei Ihnen ist er Herr im Hause.

Karla
(ruhig).

Das ist er nicht.

Hildegard

Vielleicht nicht am Tage, möglich. Aber in der Nacht.

Karla
(fährt auf).

Frau Collander!

Hildegard
(ruhig und fast gutmütig).

Ja, Fräulein Bühring. Ich sage das nicht, um Sie zu kränken — bloß weil es so ist. Und es ist schade um Sie.

Karla.

Es ist **nicht wahr**.

Hildegard
(wie oben).

Es ist wahr, Fräulein Bühring. Ich weiß immer Bescheid über meinen Mann und immer richtig. Dafür sorgt er selbst.

Karla
(verächtlich).

Sie machen in Unwahrscheinlichkeiten, Frau Collander.

Hildegard.

Gar nicht. Mein Mann hat bloß die Eigenheit — sich auch jetzt noch dann und wann in mich zu verlieben (Pause). Und dann zahlt er den Preis, den es kostet... und ich geb's nicht billig.

Karla.

Warum erzählen Sie mir das?

Hildegard
(frech).

Warum denn nicht? Es macht mir Vergnügen, mich mal mit meiner Mitmaitresse über unseren beiderseitigen Geliebten zu unterhalten.

Karla
(beherrscht).

Sie gehen dabei nur von einer falschen Voraussetzung aus. Er ist mir nicht, was Sie glauben —

Hildegard.
(wie oben).

Sie meinen wohl nach dem Satze: einmal ist keinmal.

Karla
(in plötzlicher, zügelloser Empörung).

Hinaus!

Hildegard.

Ja, sehn Sie nun, daß ich Bescheid weiß. Aber ängstigen Sie sich nicht. Bei mir ist Ihr Geheimnis sicherer als bei ihm. Es war ja auch nur eben ein Anfang. Und deshalb komme ich auch — — (bitter) ich, seine alte, erprobte und durchgeprobte Geliebte, zu Ihnen, der Anfängerin in der Kunst, einen Collander in „Stimmung" zu bringen...

Karla.
(trotzig und abweisend).

Und wenn er nun bei mir in Stimmung käme ... und ich genösse das —

Hildegard.

Dann sage ich, verzichten Sie auf diesen Spaß — — denn gegen mich kommen Sie doch nicht auf.

Karla.
(hochmütig).

Sie fordern mich heraus?

Hildegard.
(gerade)

Ja. Wenn es sein muß. Im Notfall nehme ich den Kampf mit Ihnen auf. Denn Sie werden ihn ja doch nie so kennen lernen, wie ich ihn kenne ... und sich anlernen lassen, wie ich angelernt worden bin. Ich bin einfach gemeiner als Sie sind, oder — wie mir scheint — imstande sind zu werden, Fräulein Bühring, und damit halte ich meinen Siegfried fester, als Sie ihn halten mit allen Ihren Talenten und Reizen ... denn darin ist ihm doch am wohlsten. Und Sie werden sich ja auch nicht darein finden wollen — wie ich — daß er noch allerlei ... Zerstreuungen neben Ihnen hat.

Karla
(heftig).

Gehen Sie, ich mag Sie nicht mehr anhören.

Hildegard.

Sehen Sie mal! Das sticht ins Fleisch. Wie gefällt Ihnen denn die kleine Modepuppe, Frau Eschenmeyer, als Konkurrentin?

Karla.

Was geht's mich an?

Hildegard.

Und doch war er jene Mittwoch-Nacht — wo er einen gewissen Aufschrei hörte und hineinging — unterwegs zu der!

Karla
(zuckt zusammen wie unter einem Schlag und braucht eine Weile sich zu fassen; gepeinigt).

Frau Collander! Auf was für Saiten spielen Sie in mir?

Hildegard.
(schrill und sich in eine stets wachsende Aufregung hineinarbeitend.)

Auf den Saiten, auf denen 12 Jahre lang in mir gespielt wurde, ohne Aufenthalt, ohne Unterbrechung, bis ich die Besessene, die Hysterische geworden bin, als die er mich jetzt ausgiebt. Ich kann an nichts anderes mehr denken — das ist wahr. Ich denke an nichts anderes mehr, als wie ich ihn mir wieder zurückerobere — von Mal zu Mal.

Karla.
(finster).

Warum kommen Sie damit zu mir? Wissen Sie nicht, daß dergleichen ansteckt?

Hildegard
(sucht sich ihrer Hände zu bemächtigen, halb auf den Knien).

Fräulein Bühring — verdrängen Sie mich nicht bei ihm! Mit allen anderen werde ich fertig werden... aber Sie fürchte ich. Sie haben das an sich, was den Mann entzündet... Sie können all meine Anstrengungen zu Schanden machen — mit einem einzigen Blick, wie Sie jetzt blicken... mit einem Zucken Ihres Mundwinkels...

Karla
(reißt ihre Hände los, mit einem Ausdruck von Ekel).

Lassen Sie mich. Greifen Sie nicht immer nach mir. Was gehen Sie mich an..?

Hildegard.
(tritt von ihr zurück, hart und tiefverletzt).

Ei wirklich! Fühlen Sie sich zu gut für mich! Dann hab' ich doch noch zum Glück andere Mittel. Ich bin sein Weib. Das ist meine Position für mich und meine Kinder. Davon lasse ich mich nicht verdrängen. Ich will nicht zum zweitenmal eine geschiedene Frau sein . . .

Karla.
Sie waren es?

Hildegard.
Ja, er holte mich nicht von der Straße, wie Sie vielleicht glauben. Er nahm mich meinem ersten Mann .. ich war noch jung und unverdorben damals . . . — Er machte mich zu dem, was ich jetzt bin . . . und als die, die ich jetzt bin, werde ich handeln. Ich will nicht noch einmal vor die Thür gesetzt werden . . . Das bin ich meinen Kindern schuldig. Und mir selbst. Denn jetzt find' ich keinen dritten mehr.

Karla
So nehmen Sie doch Ihren Mann. Ich halte ihn nicht — nehmen Sie ihn, wenn Sie können —

Hildegard
Ob ich's kann, das wollen wir schon sehen.
(Ihr ganzes Wesen zieht sich zusammen, als fasse sie einen Entschluß.)

Karla.

Nur verlangen Sie nicht, daß ich verspreche, wovon ich nichts weiß — worüber ich keine Macht habe. Nehmen Sie ihn — ich würde Gott danken, wenn ich ihn nicht mehr sähe —

Hildegard
(höhnisch).

O Sie brauchen nicht Gott dafür zu danken — danken Sie bloß mir. (Halb zu sich selbst). Ich war einen Augenblick so dumm, daß ich es Ihnen zu ersparen dachte. Narrheit — Ihnen! — Aber wenn Ihnen einmal das Leben wie Galle auf der Zunge liegt — und Sie aus dem Becher nicht trinken können, den Ihnen der rechte Mann an die Lippen hält — — — dann denken Sie an Hildegard Collander.

Siebente Scene.

Collander kommt von rechts.

Collander
(fährt sie an).

Was suchst du hier?

Hildegard.

Nichts für ungut. Ich gehe schon. Hol's ein, was du versäumt hast. (Ab).

Collander. Karla.

Collander.

Meine Frau hat mit Ihnen gesprochen?

Karla.

Natürlich. Wozu wäre sie sonst hier gewesen.

Collander.

Und Sie mir abwendig zu machen gesucht?

Karla.

Das ist ihr gutes Recht.

Collander.

Gewiß, ich gebe es zu, das ist ihr gutes Recht. Ich will auch zu Ihnen gar nichts von dem sagen, womit ich sonst meine Frau und mein Verhältnis zu ihr vor anderen beleuchte. Sie hat Ihnen gesagt, daß sie mich hält, daß ich mich von ihr festhalten lasse — auch das ist wahr, auch das ... ich geb' es zu ... sie greift mit ihren starken, harten unbarmherzigen Händen immer wieder in meine Nerven und reißt mich an ihnen an sich ... ich werde immer wieder ihr Geliebter — auch das ist wahr; denn sie kennt alle kranken Punkte meiner Lust. Aber was ich nur nicht begreifen kann, das ist, warum das zwischen Sie und mich treten soll,

Karla . . . Haben Sie nicht in meinen Armen gezittert Karla, hat sich nicht Ihr Körper mir in fieberndem Lechzen entgegengedrängt, haben nicht Ihre Arme mich zu sich niedergerissen und schlug es mir nicht aus Ihnen entgegen wie eine heiße, rote, saugende Welle, in die ich hineinsank, bewußtlos, sinnlos, blind, mit einem rieselnden heißkalten Schauder von Ihnen genossen zu werden — —

Karla
(blaß, mit halbgeschlossenen Augen).

Hören Sie auf . . gehen Sie — ich will, daß Sie gehen!

Collander.

Das glauben Sie selbst nicht, mich fortschicken zu können, während ich fühle — während Sie fühlen, wie die Saiten Ihrer Seele und Ihres Leibes unter den Griffen meiner Finger zucken und klingen. Versuchen wir doch nicht, einander irrezuführen . . . Sie sind das Weib, das Lust verlangt, wie nur das Weib Lust verlangen kann, in immer neuen, anderen, stachelnden, gewissenlosen Sensationen — — worauf Sie leben, das ist der Schauder, der Lebensschauder, der Todesschauer, der langezogene, schneidende Sehnsuchtsschauder Ihres Spiels — — und der Mann,

der Ihnen den reichsten, tiefsten, zusammengesetztesten
Schauder durch die scheuen, horchenden Nerven jagt,
der bin ich, der Künstler der Sensationen.

Karla
(mit einem Grauen).

Sie . . . der Kalte, der Künstelnde —

Collander.
(mit undefinierbaren Lächeln).

Also das haben Sie gefühlt, daß ich kalt bin
. Kann sein, ich bin kalt . . . Ich war schon
kalt als Jüngling . . . es ist alles Kopflust, Gehirn=
lust . . . eine Wissenschaft des Genießens . . . Aber
ich habe Nerven . . . und auf ihnen dürfen Sie
Ihre Stücke spielen. Und mit ihnen halte ich Sie
fest. Denn Sie sind heiß. Bei Ihnen ist, wofür
sonst nur die Abwechslung ein armseliges Surrogat
giebt . . . die Spannung, die Überraschung, das Un=
vorhergesehene . . . Sie haben das köstlichste am
Weibe, dessen wir nicht mehr fähig sind: sich zu
vergessen . . . nicht zu wissen, was Sie thun .
Sehen Sie, da kommt es wieder, da ist es wieder
in Ihren Augen . . . der Blick der Mänade, in
dem das Unberechenbare funkelt —

Karla
(am ganzen Körper zitternd, mit beiden abwehrenden Händen).

Weg, weg, weg mit Ihnen.

Collander.

Ja, ich gehe weg, weg mit Ihnen . . . Sie müssen mit, — wieder mein sein, Karla!

Karla.

Ziehen Sie mich nicht an sich — Ihre Anziehung hat etwas Grauenhaftes.

Collander.

Aus diesem Grauen heraus wirst du mein . . . aus Deiner Antipathie gegen mich, die tiefer ist als Deine Lust, und darum immer wieder Lust wird. Ich opfere auch was für dich. Ich verlasse Hildegard . . Du spielst in mir doch noch ganz andere Schwingungen und Sensationen wach . . . dünne, schneidende, wie Gekitzel mit einem scharfen Messer.

Karla
(schlägt die Augen halb zu ihm auf, die Zähne wie in einem krampfhaften Lächeln über den Lippen zurückgezogen).

Collander
(hält ihren Blick mit dem seinen).

Verstehen wir uns . . . ?

Achte Scene.

Die Caféthür öffnet sich, Wetterberg, den Hut auf dem Kopfe, tritt ein, stutzt und will sich zurückziehen).

Karla

(richtet sich bei seinem Anblick steil und wie erwachend auf. Sie scheint zu wachsen und sich vollständig zu einem anderen Weibe zu verwandeln. Gleichgültig, als wäre er nicht anwesend, sieht sie an Collander vorbei. Zu Wetterberg mit klarer warmer Stimme).

Nein, bitte, bleiben Sie, Herr von Wetterberg.

Neunte Scene.

(Eschenmeyer, einen Brief einsteckend, aus dem Café. Hinter ihm Frau Eschenmeyer).

Eschenmeyer

(erblickt Collander).

Aha, da ist er.

Frau Eschenmeyer

(ängstlich).

Was thust du, Adolf, was regst du dich so auf?

Eschenmeyer.

Ah, Herr von Wetterberg! Freut mich, Sie auch hier zu treffen. Hätte mir kein Lieberer kommen können. (Zu Karla). Mein gnädigstes Fräulein, ich habe eine private Angelegenheit, die nicht ganz... hm! für Damenohren...

Karla.

Ich gehe, Herr Eschenmeyer. (Sie wirft unwillkür=
lich einen verwundert fragenden Blick auf die Anwesenden. Die
drei Herren verbeugen sich. Karla ab.)

Zehnte Scene.

Eschenmeyer
(zu Wetterberg).

Dürfte ich Sie also bitten, einen Augenblick der Auseinandersetzung beizuwohnen, die ich sofort mit Herrn Dr. Siegfried Collander einleiten werde.

Collander.

Mit mir? Da muß ich bedauern. (Zieht seine Uhr hervor.) Ich habe eine Verabredung, zu der es die höchste Zeit —

Eschenmeyer
(grob).

Höchste Zeit? Es ist auch für mich die höchste Zeit.

Frau Eschenmeyer

Was hast du vor, Adolf?

Eichenmeyer.

Das, wozu du es bei besserer Einsicht nicht hättest kommen lassen sollen.

Frau Eichenmeyer
(wirft den Kopf auf).

Ach, schieb' nicht alles auf mich. Ich bin, wozu du mich gemacht hast.

Eichenmeyer.

Wozu — wo — zu — ich dich — gemacht habe? Aus dir war gar nichts zu machen. Du warst ein Familienhuhn als ich dich heiratete — — ich vorwitziges, unerfahrenes Gickerl! Jetzt hab' ich mich zehn Jahr mit dir abgearbeitet... Bleiben, — bleiben, Herr Collander, sonst lang' ich Sie mir wieder.. (Zu seiner Frau). Wenn du wenigstens eine achtungs= würdige Henne geworden wärst mit 8—10 Küchlein um dich herum. Aber du bist ein Huhn, das seine Bestimmung verfehlt hat! Ein lesendes Huhn — ein Litteraturhuhn ... mit ungesunden Affini= täten für litterarische Gockel. (Zu Collander). Also kurz und gut, Herr Collander, ich erlaube mir zu fragen, was Sie in meinen Hühnerhof zu suchen haben?

Collander
(von oben herab).

Mein Herr, ich weise diese unpassende Witzelei und ihren unsauberen Hintergedanken in jeder Weise zurück.

Eschenmeyer.
So! Hm! Fassen wir also fester zu. Wo waren Sie vorgestern, Mittwoch Nacht, zwischen 1—2 Uhr?

Collander
(zuckt unwillkürlich zusammen. Pause.).

Darauf verweigere ich die Antwort.

Eschenmeyer
(wütend).

Ver — verweigern — Sie — die Antwort... Ich will Sie sprechen lehren! Ich werde Sie nicht fordern. Da sein Sie gar nicht bange vor. Ein alter Heidelberger Corpsstudent schlägt sich nicht mit Ihresgleichen. Aber ich... werde... Sie so windelweich zusammenwalken, daß Sie aussehen sollen wie die eingestampften Umschläge Ihrer falschen Deckelauflagen.

Wetterberg.
Herr Eschenmeyer, die Auflagen der Bücher des Herrn Dr. Collander gehören doch jedenfalls nicht zur Sache.

Collander
(hat sich gefaßt).

Ich möchte mir meinerseits zu fragen erlauben, wie dieser Menelaus gerade auf Mittwoch Nacht

zwischen 1 und 2 als Belastungsmoment gegen
mich gerathen ist?

Frau Eichenmeyer.

Ich schwöre dir, Adolf —

Eichenmeyer.
(mit unendlicher Geringschätzung).

Du schwörst! (Zu Collander.) Das kann ich Ihnen
sagen, Sie Paris von der traurigen Gestalt.
Mittwoch, um 1 Uhr, wache ich auf, drehe mich
um, Frau ist weg! Na, die kommt schon gleich
wieder, denke ich. Aber es vergeht eine Viertel=
stunde — — es vergeht noch eine Viertelstunde —
das dauert mir zu lang. Ich steh' auf, kleid'
mich an, suche im Hause, suche ums Haus . . .
nichts! Setze mich also vor die Thür und warte.
Um 2 Uhr kommt meine Gemahlin von den Dünen
her. Wo bist du gewesen? Ach Adolfchen . . ich
hatte so schreckliche nervöse Kopfschmerzen . . ich
mußte an die Luft und die Nacht war so schön
u. s. w. u. s. w. Soeben, im Café, erhalte ich
diesen Brief. Sie kennen vielleicht die Handschrift?
(hält Collander den Brief unter die Augen).

Collander
(ballt die herabhängende Hand).

Ah! — (Pause, dann würdevoll.) Mir bleibt nichts
übrig, als Ihnen den traurigen Umstand zu ent=

hüllen und ihn damit öffentlich zu machen, daß die Schreiberin dieses eine Hysterische mit sexuellen Wahnvorstellungen ist . . .

Eschenmeyer.
Das geht mich nichts an. Das gehört in die private Psychologie Ihrer Ehe . . . aber die betreffende Dame schreibt mir: Mein Mann und Ihre Frau treffen sich nachts in den Dünen — — — und Mittwoch zwischen 1 und 2 Uhr war meine Frau nicht daheim, sondern kam aus den Dünen . . .

Collander.
Ich gebe Ihnen mein Ehrenwort, daß ich Ihre Frau Mittwoch Nacht nicht gesehen habe.

Frau Eschenmeyer.
Das ist wahr und wahrhaftig.

Eschenmeyer.
Also Alibi.

Collander.
Mein Gott, wie soll ich das geben können. Ich weiß nicht, wo ich Mittwoch Nacht war. Ich führ' nicht Buch darüber, wo und wie ich meine Nächte verbringe.

Eichenmeyer.

Alibi — Alibi.

Collander.

Ich war vermutlich zu Hause.

Eichenmeyer.

Gut. Ich ersuche Herrn von Wetterberg als Zeuge dabei zu sein, wenn ich Sie und Ihre Frau Gemahlin in dieser Frage konfrontiere.

Collander.
(gemacht hitzig).

Ich sage Ihnen ja, daß meine Frau eine Hysterische und maniakalische Lügnerin ist!

Eichenmeyer.
(gelassen).

Also dieser Alibinachweis ist mißglückt. — Ich gebe Ihnen noch zwei Minuten Zeit ... (Zieht die Uhr). (Pause). Nun ..?

Collander
(streicht sich überlegend den Bart. Dabei gleitet sein Blick zu Wetterberg. Achselzuckend, mit einem frechen, selbstgefälligen Lächeln).

Fragen Sie Karla Bühring. (Greift nach seinem Hut und will gehen.)

Eschenmeyer
(glotzt ihn an).

Karla Bü — meine Schwärmerei. (Betrachtet Collander von oben bis unten). O je, der Geschmack der Frauenzimmer..

Wetterberg
(geht langsam auf Collander zu, ihn mit dem Blick festhaltend.)

Ich stehe Fräulein Karla Bühring nicht so nahe, daß ich das Recht hätte, für sie einzutreten. Aber mir ist das Recht unbenommen, Herr Dr. Collander meine Meinung deutlich zu machen. (schlägt ihn mit der unbehandschuhten Hand ins Gesicht). Lump! . . und Lügner! (Vorhang.)

Vierter Akt.

Am Seeufer. Links, schräg nach dem Hintergrund das von Karla bewohnte Fischerhaus, dessen Breitseite man sieht. In der Mitte die doppelflügelige Glasthür, geschlossen. Rechts davon ein Fenster und vor demselben eine Bank, davor ein Tisch, Korb= und andere Stühle herum. Darüber ein weiß und rot gestreiftes Lein= wanddach und rechts nach dem Meer eine ebensolche Schutzwand. Am Hause vorbei strecken sich, eine Strecke weit in die Scene, am Ufer aufgehängte schwarze Fischernetze; einige aufs Land gezogene Böte. Es ist ein heller Morgen. Das Meer liegt weit und blaßblau unter einem vom Sonnenaufgang blaß geröteten Himmel. Klare herbstliche Luft. Am Horizont, ganz weit weg, ein schwarzer Rauch= streifen.

Am offenen Giebelfenster, das die Mitte des Hauses einnimmt, steht Lilli und kämmt sich ihr langes, glatt an den Seiten ihres Gesichts herunterhängendes Haar. Mitten auf der Scene Eschenmeyer, den Rücken den Zuschauern zugekehrt, einen Plaid umgehängt, mit einem Fernglas das Meer betrachtend. Von links kommt Wetterberg, sehr sorgfältig und ganz hell gekleidet.

Erste Scene.

Eschenmeyer
(bemerkt ihn).

Morgen! morgen! Frisch heute? Schon unter= wegs?

Wetterberg
(kurz angebunden).

Nun und Sie?

Eschenmeyer.

Ich? Bin Ehemann, mein Werter. Glücklicher Ehemann einer unbestrittenen Gattin. Da wird man Frühaufsteher!

Wetterberg.

Ich dächte mir das Gegenteil —

Eschenmeyer.

Gegenteil —? unwissender Jüngling! Ich fange an, wenn auch nicht Collander zurückzuwünschen, so doch mir einen anderen Collander zu wünschen. Man hat dann doch seine Bettruhe. Jetzt ist das ein Gethu beim Einschlafen: liebst du mich noch, Adolf? Und beim Aufwachen: du liebst mich nicht mehr, Adolf! Und in der Nacht kann man sich nicht umdrehen, ohne daß es heißt: wünschst du was, Adolfchen? Da nun beim Zubettegehen und beim Umdrehen nichts zu ändern ist, so schleiche ich mich zur Vermeidung ehelicher Schäferstunden wenigstens davon, ehe die Liebliche erwacht. Brr. Und friere in Freiheit und im Freien. (Sieht wieder durch den Opernguder.)

Wetterberg.

Wonach schauen Sie denn da aus?

Eichenmeyer.

Sehen Sie den Rauch da, bitte! (Reicht ihm den Opernguᴄker.) Auf jenem Schiffe entflieht uns und allen weiteren peinlichen Eventualitäten unser gemeinsamer Freund Cohn-Collander. Ich bewilligte mir das Vergnügen, ihn heute in der Frühe abreisen zu sehen, mit samt der schönen Hildegard und dem rechtmäßigen Nachwuchs. Es war eine reizende Familienscene. Er hatte nicht ausgeschlafen und war grau und welk wie eine alte Cocotte, die schöne Hildegard trabte knurrend neben ihm wie 'ne bissige Bulldogge und der Nachwuchs prügelte sich um einen sogenannten Judenkuchen.

Wetterberg
(sieht nach dem Hause und macht unruhige Bewegungen).

Eichenmeyer.

Und dabei fragte ich mich: warum verfolgen wir eigentlich die Collanders so hitzig mit unserm blinden furor teutonicus? Verfolgen wir damit nicht blos unsere eigene falsche Auffassung vom modernen Don Juanismus? Hätten Sie das dünnbeinige Jammerbild mit der bissigen, wachsamen Hildegard neben sich dastehen gesehn, Sie hätten mit mir gesprochen: das ist ja gar kein Don Juan, wie wir treuherzigen Germanen ihn verstehen. Das ist nur wieder ein Ableger von dem bekannten ewigen Dualismus zwischen Geist und Leib. Der Geist ist willig — aber das Fleisch ist schwächlich ... Er ist mit seiner Erregbarkeit und Stimulanzroutine und dem ewigen Lüstern eine Art Übergangsglied und Zwischenformation — um mich wissenschaftlich auszudrücken — zwischen unsereinem und dem Weibe, darum als tägliches Reizmittel von den Frauen bevorzugt ... ich möchte sagen: es ist der Floh, den sie in ihren Röcken nicht entbehren können ... Warten Sie hier auf jemand, Herr von Wetterberg?

Wetterberg.
Nein, ich stehe nur ungern, wenn ich eben erst ausgegangen bin.

Eschenmeyer.
Eben erst?

Wetterberg.
Ja, ich wohne hier gleich in der Nähe!

Eschenmeyer.
So? so? Sie wohnen hier? Und wer wohnt denn doch gleich hier — ich komme selten in diese

Gegend. Allerliebstes Kindchen am Fenster, seh'n Sie mal . . bauz, schlägt das Fenster zu! Noch jungfräulich schnöde . . . giebt sich später . . Schien mir die kleine Lilli Bloom zu sein.

Wetterberg.
War's auch.

Eschenmeyer
(ohne sich durch Wetterbergs sichtbare Ungeduld stören zu lassen).
Wissen Sie, woran das Mädchen mich immer erinnert? Wenn man zu Schiff fährt und unter der Küste ist, dann kommen bei schlechtem Wetter gewöhnlich kleine verregnete Singvögel an Bord geflogen. Die Lilli Bloom kommt mir immer vor, wie so ein verregneter Vogel, — wenn die 'mal die Sonne recht beschiene, würde sie allerliebst zwitschern können.

Zweite Scene.

Die Glasthür wird zurückgeschlagen. Man sieht die Chaiselongue und den Tisch davor, weiter weg den Schrank an der Wand. Nanny erscheint mit dem Tischtuch — zugleich wird das Fenster hinter der Bank und dem Tisch von innen geöffnet.

Nanny.
Da stehn doch gleich wieder ein paar daher in der Morgenfrüh und schau'n. Vor die Mannsleut hat man doch nie kein Ruh' nit. (Deckt den Tisch und geht wieder hinein.)

Wetterberg.

Ja, nun muß ich wirklich —

Eichenmeyer.

Sagen Sie doch — mir ist so ... wohnt denn hier nicht die Karla Bühring . . ja? dacht' mir's doch! (Reicht ihm die Hand.) Nun, ich wünsche Ihnen guten Erfolg, junger Mann. Kopf hoch, Brust heraus! Ich kenne das. Wir gehen alle diesen Weg einmal in unserem Leben. Wir gehen alle einmal nach Canossa. (Ab.)

Dritte Scene.
Lilli kommt mit dem Theeservice.

Wetterberg
(verbeugt sich vor ihr und lüftet den Hut).

Ist Fräulein Karla Bühring zu sprechen?

Lilli
(sehr beklommen).

Sie kommt gleich heraus. (Weist auf einen Stuhl.)
(Pause.)

Wetterberg.
(setzt sich, zerstreut.)

Seit wann wohnen Sie denn bei Fräulein Bühring, Fräulein Bloom?

Lilli
(setzt sich).

Seit... Ach, das ist ja ganz einerlei.

Wetterberg.
Ach gar nicht. Erzählen Sie doch.

Lilli.
Seit Collander eines Abends bei mir war.

Wetterberg.
Was tausend? War Collander auch bei Ihnen?

Lilli.
Ja, — ich gab seiner Frau französische Stunde..
und da hatte er mich kennen gelernt.. Ich wohnte damals ganz allein in einer Pension (sie streicht während des Sprechens fortwährend mit der rechten Hand über ihren linken bloßen Arm), und eines Abends kam er, es war zehn vorbei, ich begriff nicht warum... und saß und sah mich immer so an (sie streckt den Kopf vor mit nickenden abrupten Bewegungen und blickt scharf unter zusammengezogenen Brauen), und dabei sagte er in einemfort, ich solle Vertrauen zu ihm haben...

Wetterberg
(hört nur halb zu).

Und Sie hatten Vertrauen zu ihm?

Lilli.

Nein, gar nicht. Ich wollte ihn nur weg haben und schwieg immerzu still, damit er wieder ging.

Wetterberg.

Und das that er denn auch?

Lilli.

Ja, natürlich. Aber als er weg war, da überfiel mich eine große Angst und zugleich so ein Ekel, daß ich die Luft im Zimmer nicht aushielt, sondern die Fenster aufriß; es war mir so sonderbar.. nicht anders, als wäre der Tod dagewesen und hätte seinen Geruch hinterlassen.

Wetterberg
(nachdenklich).

Ich glaube schon, daß Collander der Tod ist für die Frauen, deren er sich bemächtigt; das sind diese schillernden Naturen ohne Halt immer für das Weib. Aber er kommt selten so weit. Ich bin z. B. fest überzeugt, daß sein Alibi gegen Eschenmeyer falsch war, er log einfach.

Lilli
(sieht ihn rasch mit einem seltsamen Blick an und senkt gleich darauf den Kopf).

Wetterberg
(aufmerksam).

Sie meinen — nein? Nur ehrlich! Und wäre er auch hier gewesen, was sagt denn das?

Lilli
(rot).

Ja, freilich, was sagt denn das?

Wetterberg.

Er war also hier?

Lilli
(schweigt).

Wetterberg.

Aber wie wissen Sie . . . ?

Lilli.

Ich war ja drinnen, in dem Zimmer, auf der Chaiselongue.

Wetterberg.

Sie — um 1 Uhr nachts?

Lilli.

Ich war ja eben gekommen .., ich war ja den ganzen Weg von Collanders Villa hierher allein gelaufen.

Wetterberg.
Um 1 Uhr nachts? War denn Niemand da, der Sie begleitete..

Lilli.
Nein, Sie wollten nicht.

Wetterberg.
Ich wollte nicht? Ich wußte ja von nichts.

Lilli.
Doch. Frau Collander ging ja hinein, um Sie zu fragen . . . aber Sie waren von Collander so in Anspruch genommen . .

Wetterberg.
Ja, mit dem Anschauen von Tänzerinnenporträts. Nein, liebes Fräulein, wie konnten Sie denken.. Und Sie gingen allein.. und mir sagte man nichts ... und Collander war gleich darauf hier ... und ließ Sie allein gehen .. und verhinderte mich, Sie zu begleiten ... obwohl ich hier gleich in der Nähe wohne —

Lilli.
Und als ich hier war, hatte Karla einen furchtbaren Anfall von Angst und schrie auf im Ein-

schlafen . . Den Schrei hörte Collander draußen . .
und die Thür hatte ich vergessen abzuschließen.

Wetterberg.

Und ich wäre hier gewesen statt seiner! Wenn
ich nur gewußt hätte, daß — — —

Lilli
(die so sitzt, daß sie ins Zimmer sehen kann).

Jetzt kommt Karla.

Vierte Scene.
Karla. Wetterberg.
(Lilli gleich darauf ab.)

Wetterberg
(erhebt sich).

Gnädiges Fräulein!

Karla.

Herr von Wetterberg. (Sie stehen beide einander
gegenüber und sehen sich mit fragenden Blicken in die Augen.)

Wetterberg
(nach einer langen, schwülen Pause).

Ich komme, um Abschied zu nehmen. (Pause.)

Karla.

Ja, es wird Zeit zu reisen. Ich muß auch an den Aufbruch denken.

Wetterberg.

Wo gehen Sie hin?

Karla
(zuckt die Schultern).

Nach London — nach Amsterdam — wohin ich Einladungen erhalte zu Konzerten.

Wetterberg.

Befriedigt Sie dieses geräuschvolle Leben?

Karla.

Befriedigen? Betäuben? Das letztere ist ja auch schon was.

Wetterberg.

Nein, das letztere ist zu wenig.

Karla.

Ja gewiß — aber woher mehr nehmen? Ich bin schon lange wie ein Blatt, das vom Winde getrieben wird . . . es rollt und rollt, es hüpft und hüpft . . es sieht sehr lustig und vergnügt aus . . . aber eines Tages kommt der Herbststurm mit seinen Regenschauern und peitscht und schleudert es, bis es zerpflückt und verschwunden ist. Und keiner fragt, wo blieb es?

Wetterberg
(seine Bewegung mühsam beherrschend).

Doch! Ich frage danach. Wenn Ihnen genügt, Fräulein Bühring, was ein einfacher Mann Ihnen bieten kann —?

Karla
(mit einem ganz erstickten Aufschrei).

Wetterberg!

(Lilli verschwindet rasch, ihr Weinen unterdrückend, ums Haus.

Wetterberg.

Wenn Sie mit mir gehen wollen in meine unscheinbare Heimat . . . (Unterbricht sich.) Karla, Karla du willst.

Karla
(vollständig außer sich).

Du .. du .. ah du!

(Wetterberg umschlingt sie — sie zieht ihn nieder auf den Stuhl und wirft sich vor ihm auf die Knie, ihn umfaßt haltend, ganz verzückt zu ihm empor).

Du ... du willst mich ... du willst mich ... Du willst ja gar nicht ... ich hab' ja längst ...

Wetterberg.

Karla! (Zieht sie empor und drückt sie an sich.)

Karla.

Ach, wie ich mich nach dir gesehnt habe . . es war wie ein zehrendes Fieber, in dem ich verbrannte . . . ich fühlte, wie ich von Sinnen ging . . . ich besaß mich nicht mehr . . . das eine Ich war hier in dem Alltäglichen . . . aber das andere Ich ging wie im Traum . . . immer dir nach . . . immer dir nach.

Wetterberg.

Du . . . wie war ich denn so blind . . . wie glücklich hätten wir schon längst —

Karla.

Ja, wie warst du so blind . . . wie glücklich hätten wir schon längst — (drückt sich an ihn).

Wetterberg
(zur Besinnung der Außenwelt kommend).

Aber hier können wir doch nicht — hier sieht uns ja der ganze Strand, es wird ja Badezeit. Komm, nun machen wir's uns gemütlich in deinem Salon, ich geh' nicht mehr weg . . . wir setzen uns auf die Chaiselongue — (Er hat Karla umgefaßt und bis an die Thür geführt — sie leistet plötzlich Widerstand gegen seinen führenden Arm und bleibt stehen.)

Karla.
Nein, nicht auf die Chaiselongue.

Wetterberg.
Was hast du . . . dich schaudert.

Karla.
Da darfst du nicht hinein.

Wetterberg.
Warum nicht da hinein?

Karla
(tritt von ihm zurück und streckt sich starr auf).
Da war Collander . . . da auf der Chaise=
longue . . .

Wetterberg.
Karla . . . (Leise und heiser.) Ist es wahr?

Karla.
Ja — es ist wahr.

Wetterberg.
Weißt du auch, was du sagst, Karla . . .

Karla.
Nur zu gut. Auch was daraus folgen wird.

Wetterberg.
Du? Du? Und der? Wie konntest du?

Karla.
Ich weiß nicht. Nur daß es geschah ... Und daß ich dir es sagen muß ...

Wetterberg.
Hätte ich in jener Nacht Lilli nach Hause gebracht ...

Karla.
Ja .. dann ..

Wetterberg.
Dann wärst du jetzt mein ... mein Weib ... ganz ... unangetastet ... Der Schuft verhinderte mich daran — und kam selbst.

Karla.
Er folgte seiner Natur ... die Raub und Diebstahl war ... hättest du der deinen gefolgt ...

Wetterberg.
Wie meinst du das?

Karla.

O Wetterberg — Ihr seid zu langsam für uns .. Ihr redlichen stolzen Männer! Ihr beherrscht Euch, wo Ihr begehrt .. Ihr respektiert, wo Ihr nehmen solltet. Ihr versteht Euch nie und nimmer auf das Tempo des Weibes. Bei uns ist alles Sprung — Flackern ... Unbedachtheit ... unser Blut gaukelt uns Schreck- und Wonnebilder vor, wir handeln aus Antrieben, über die wir nicht Herr sind, von denen wir gar nichts wissen .. und wir verlieren uns ... und verlieren Euch; (bitter) aber Eure Selbstachtung, die habt Ihr gerettet. Und uns könnt Ihr verdammen.

Wetterberg
(sehr erschüttert).

Das thue ich nicht, Karla, weiß Gott, das thue ich nicht ... ich fühle dich nur als eine andere, als du mir eben noch warst ...

Karla.

Dann geh' doch, Wetterberg. Es ist doch alles aus.

Wetterberg.

So hätte ich früher geurteilt. Indem ich dich als Weib begehrte, begehrte ich dich auch als Mutter meiner Kinder. Das ist nun alles vorbei. Es liegt alles zerschlagen. Es geht mich nichts mehr an. Nur das eine weiß ich: ich kann nicht von dir weggehn.

Man sieht Lilli am Strande hin nach rechts gehen. Sie geht etwas vornübergebeugt, traurig und verschüchtert.

Karla.
Sieh da hin, Wetterberg.

Wetterberg
(blickt kaum hin).
Nach Lilli. Warum?

Karla.
So, wie sie jetzt ist, so war ich auch — vor zehn Jahren. Sie ist noch heil und ganz .. und noch ganz unerschlossen. Sie widerstand der Verführung, der ich verfiel — denn für sie war es keine. Sie ist ein einfaches Lied, auf einer einzigen Oktave gespielt ... kein raffiniertes Orchesterstück mit Schluchzen und Jauchzen und dem Zusammenklang von zwanzig Instrumenten. Aber diese herbe Frucht, die doch bald so süß sein wird — die begehrt Ihr nicht, Ihr Männer. Erst wenn wir angefault sind unter dem Fingerdruck des Lebens, — erst dann locken wir Euch. Erst wenn wir brennen — dann

entzünden wir. Sieh — da geht die Mutter deiner Kinder.

Wetterberg.
Karla, Karla.

Karla.
Und Ihr, die so erfahren sind . . und das Weib genossen habt mit seiner bezahlten und freiwilligen Liebe — so lange und gründlich, bis Ihr das Warten lieben lerntet und Eure Triebe Zeit verlangten . . . Ihr seht doch nie, wo ihr geliebt werdet . . . mit einer brechenden Seele, wie die Liebe, die sich darbietet, niemals liebt. Ihr seht so wenig, Ihr Männer, zu wenig. Und darum ist das Beste nie für euch — und bleibt immer ungenossen.

Wetterberg.
Du hast recht, Karla, du hast recht.

Karla.
Ach, du verstehst mich gar nicht, lieber Freund. Du weißt ja nicht einmal, von wem ich jetzt spreche.

Wetterberg.
Von dir sprichst du.

Karla.
Ach geh'. Von Lilli sprech' ich — die dich liebt.

Wetterberg
(fast unwillig).

Hör' auf, Karla, was geht das mich an?

Karla
(in einem eigenen Ton).

Nein. Es geht dich nichts an. Aber nun gehe. Ich habe nichts mehr zu sagen und zu bekennen.

Wetterberg.
Und du, Karla?

Karla.
Ich lebe, wie ich gelebt habe. Vielleicht treffen wir uns sogar noch irgendwo und irgendwann im Leben. (Sie reicht ihm die Hand.) Leb' wohl.

Wetterberg
(hält ihre Hand eine ganze Weile und sieht sie an ohne sprechen zu können. Dann zieht er sie an der Hand an sich und drückt mit dem anderen Arm mit einer leisen festen Gebärde ihren Leib an den seinen). Nein, du bleibst mein. Ich nehme dich, wie du bist. Ich kann nicht ohne dich leben.

Karla
(steht unbeweglich, mit geschlossenen Augen. von ihm gehalten).

Und wenn ich nun nicht will? Und wenn ich nun die Achtung vor dir hätte, die du nicht mehr vor dir hast?

Wetterberg.

Das sind ja alles tote Worte, Karla. Sieh mich an. Nein, schlag' die Augen auf und sieh mich an. In den Augen bin ich... Dein Herz klopft an meinem. Ist das denn nicht genug? Können wir darüber nicht alles andere vergessen?

Karla.

Auf Momente — ja. Aber ich liebe dich... das ist wahr... du.. du! (Schlingt die Arme um ihn.) Ich liebe dich mehr als mein Leben...

<small>Lilli kommt zurück.</small>

Karla
<small>(richtet sich auf).</small>

So, geh nun. Laß' mich ein wenig allein. Es war zu viel...

Wetterberg.

Ja, du.. ich thue, was du willst. Und unterdessen richte ich alles zur Abreise. Es drängt uns ja jetzt beide weg von hier — nicht wahr? Mit dem Abendschiff reisen wir. Nicht?

Karla

<small>(nickt).</small> Wetterberg ab.

Fünfte Scene.

Karla.

Komm her, Lilli.

Lilli
(will vorbei, ohne sie anzusehen).

Nein, laß mich.

Karla.

Komm.

Lilli
(ausbrechend).

Du hast ihn ja doch nun. Laß mich in Frieden.

Karla.

Komm. Es ist das letzte Mal.

Lilli
(kommt).

Karla.

Nein, nicht ins Zimmer. Setze dich dahin.. nicht auf den Stuhl, wo er gesessen hat... und hör' mir recht gut zu... du mußt ihm später alles sagen können...

Lilli

(setzt sich und sieht sie fragend an).

Karla

(steht fast starr, und auch ihre Blicke, die groß und offen schauen, ohne zu sehen, sind starr. Nichts bewegt sich an ihr als ihre Brust, die unter ihrem schweren, ungleichen Atem auf und nieder geht. Nach und nach sinkt ihr Kopf immer tiefer, bis er ihr fast auf der Brust liegt. Ein plötzlicher heftiger Schauder schüttelt ihren ganzen Körper).

Lilli

(die sie ununterbrochen betrachtet hat, erschrocken).

Karla, was ist dir?

Karla

(streicht sich beim Klang ihrer Stimme über die Augen und sieht sich um, wie erwachend. Zu Lilli, fast erstaunt).

Bist du da?

Lilli.

Ich bin ja hier, weil du's verlangst.

Karla.

Schon recht... ich weiß schon... komm her, Lilli, gieb mir deine Hände... wie deine Hände heiß sind... so, noch näher. (Fast flüsternd). Weißt du, Lilli... ich möchte so gern leben...

Lilli

(schmerzlich).

Du wirst ja nun auch erst anfangen zu leben...

Karla
(mit einem dunklen Blick, der wie nach innen schaut).

Ja, ja ... ich werde leben ... in Wetterbergs Erinnerung ... und in deiner —

Lilli
(erschüttert).

Sprich nicht in dieser Weise, Karla ... ich habe Furcht vor dir.

Karla
(streicht ihr sanft über das Haar).

Du hast auch recht. Ich muß mich zusammen= nehmen ... er kommt sicher bald zurück ... ich hab' nur wenig Zeit ... (Verliert sich wieder in Gegrübel.)

Lilli.
Karla, worüber grübelst du?

Karla
(auf einmal mit ganz klarer Stimme).

Glaubst du, daß Wetterberg und ich glücklich werden würden?

Lilli
(peinvoll).

Warum soll ich dir das bestätigen, Karla? So wie er dich liebt — und du ihn.

Karla.

Eben darum würden wir nicht glücklich werden — könnten wir nicht glücklich werden ... denn es steht etwas zwischen uns ...

Lilli.

Das wird bald genug vergessen sein.

Karla.

O ja ... es wird vergessen sein ... auf ganz lange vielleicht ... aber dann wird es wieder da sein, wie ein lange vergessener Eindruck einen plötzlich im Traum aufschreien läßt — — — und sollten wir Kinder haben, .. so würde Wetterberg sich meiner vor meinen Kindern schämen.

Lilli
(läßt den Kopf hängen und schweigt).

Karla.

Ich bereue nicht. Das thun wir Frauen nie, außer wenn wir heucheln. Ich konnte nichts dafür ... ich mußte ... der Bogen war überspannt ... das Weib in mir schmachtete nach seinem Weibsein ... und er kam nicht, dem es sich noch halb unbewußt entgegendrängte, dagegen kam ein anderer ... (Läßt Lillis Hände los und geht von ihr weg.)

... Aber ich mag kein halbes Leben führen, ich will ganz leben! Leben ... leben ... das war mein Drang von Kindheit an, noch eh' ich Weib geworden — — und wenn ich auch vergäße ... und ich könnt' es ... Wetterberg wird nicht vergessen, denn er kann's nicht, als Mann.

(Geht zurück zu Lilli und legt ihr die Hand auf die Schulter.)

Sieh, Lilli, ... wenn ein Mann ein Weib zur Gattin nimmt, das ein anderer genossen hat — dann wird er ein wehrloser Mann ... der andere kann zu jedem Hinz oder Kunz sagen: die da, sie war mein —! und er muß seine Augen niederschlagen. Und dies ist hier der Fall. Collander hat sich an mir reingewaschen — Wetterberg hat ihn dafür ins Gesicht geschlagen ... was hilft das mir .. und ihm? Er ist doch ein wehrloser Mann .. und ohne Wehr', ohne Ehr'. Was bleibt ihm übrig, als sich mit mir zu vergraben, wo keiner uns kennt. Und er wird das thun, wenn er zur Besinnung kommt. Er wird sich verbergen. Er wird ein anderer werden, als er ist. Ein trüber und gedrückter Mann — und durch mich. Und das kann ich nicht ertragen.

Ich hab' in ihm den aufrechten Mann geliebt, an dem kein Makel ist, und stolz und aufrecht will ich neben ihm gehen und ohne Makel — oder gar nicht.

Lilli.

Karla!.. du darfst nicht... du darfst nicht... ich weiß, was du thun willst...

Karla.

Ich will leben, Lilli. Ich will immer bei ihm sein... und darum muß ich gehn... Ihr werdet mich nicht vergessen... das weiß ich, denn das könnt Ihr nicht... dazu bin ich zu stark...

Lilli
(verzweifelt).

Was thu' ich, mein Gott, was thu' ich? Ja... das thu' ich... (Läuft ab nach rechts.)

Karla
(allein).

Das kommt rasch. Sie gönnt mir keine Zeit. Jetzt geht sie, ihn zu holen. (Am ganzen Körper zitternd.) Und ist er da, dann ist's vorbei mit meiner Kraft. Und das weiß ich ganz sicher: thu' ich's nicht gleich, so thu' ich's nie.. rasch.. rasch... wie? (Nickt vor sich hin.) Ja, — freilich... in meinem Nachttisch. (Geht ans Fenster und greift hinein, zieht nach einer Weile die Hand zurück mit einem kleinen Revolver.) So ein kleines Dings... man bekommt ordentlich Lust. (Zieht den Sicherheitsverschluß aus und untersucht.) Es sind noch ein paar darin... (zögernd) ich möchte noch ein bißchen

Aufschub haben. (Ballt die Hände.) Nein. Wenn ich
ihn sehe, kann ich's nicht mehr. Nur noch ein paar
Worte muß ich an ihn schreiben. (Geht hinein.)
Die Scene bleibt eine Weile leer. — Man sieht sie drinnen am Tisch
schreiben. Pause. — Sie steht aufrecht, den Rücken gegen die Zu=
schauer. Ein schwach hörbarer Schuß; sie sinkt neben dem Tisch zu=
sammen).

Letzte Scene.

Wetterberg
(kommt, hinter ihm Lilli).

Gottlob, daß Sie mich zu Hause trafen. Wie
müssen Sie gelaufen sein.

Lilli
(an ihm vorbeilaufend).

Sie ist hinein . . . (Erschreckend.) Da liegt sie
am Boden. Karla! (stürzt nach der Thür und sinkt mit
einem grellen Aufschrei in die Knie.)

Wetterberg
(blickt über sie weg hinein, zuckt zusammen, sein Kopf sinkt auf die
Brust, seine Arme fallen schwer herab. Er steht unbeweglich.)

(Vorhang.)

Schliersee, 20. August — 12. September 1895.

Verlag von **Albert Langen, Paris, Leipzig, München.**

Laura Marholm
Das Buch der Frauen.
Zeitpsychologische Porträts. 3. Auflage.

Inhalt:
1. Die Tragödie des jungen Mädchens: Marie Baschkirtzew.
2. Eine Vorkämpferin: Anne Charlotte Edgren-Leffler, Herzogin von Cajanello.
3. Das moderne Weib auf der Scene: Eleonora Duse.
4. Nervöse Grundtöne: „George Egerton", *.*
5. Die Naturalistin: Amalie Skram.
6. Zeitopfer: Sonja Kowalewska.

Hierzu 6 Porträts in Autotypie.

8°. 200 Seiten. Preis 3 Mark. Eleg. geb. 4 Mark 50 Pf.

Laura Marholm
Zwei Frauenerlebnisse
Novellen
1. Was war es?
2. Das Ungesprochene.

8°. 200 Seiten. Preis 3 Mark 50 Pf. Eleg. geb. 5 Mark.

Amalie Skram
Professor Hieronymus
Roman
Autor. Übersetzung von M. Mann.

8°. 500 Seiten. — Preis 3 Mark.

J. B. Jacobsen
Niels Lyhne
Doktor Faust,
Eines begabten jungen Mannes Tagebuch
Deutsch von M. Mann.

8°. 320 Seiten. Preis 3 Mark. Eleg. geb. 4 Mark.

Verlag von **Albert Langen, Paris, Leipzig, München.**

Knut Hamsun
An des Reiches Pforten
Schauspiel. Autor. Übersetzung von M. Herzfeld.
8°. 270 Seiten. — Preis 3 Mark.

Knut Hamsun
Mysterien
Roman. Autor. Übersetzung von M. von Borch
8°. 500 Seiten. Preis 5 Mark

Knut Hamsun
Neue Erde
Roman. Autorisierte Übersetzung von M. von Borch
8°. 440 Seiten. Preis 4 Mark

Knut Hamsun
Pan
Aus Lieutenant Thomas Glahns Papieren
Autor. Übersetzung von M. von Borch
8°. 210 Seiten. Preis 2 Mark

Björnstjerne Björnson
Neue Erzählungen
Deutsch von M. von Borch
8°. 360 Seiten. Preis 3 Mark

Frank Wedekind
Der Erdgeist
Ein Drama
8°. 210 Seiten. Preis 2 Mark 50 Pf.

Verlag von **Albert Langen, Paris, Leipzig, München.**

Martin Langen
Edith
Drama aus dem Ende dieses Jahrhunderts
8°. 120 Seiten. Preis 2 Mark

Theodor Wolff
Niemand weiß es
Schauspiel
8°. 48 Seiten. Preis 1 Mark 50 Pf.

Paul Cahrs
Josef Geiger
Roman
Illustrierter Umschlag von F. Wahle
8°. 200 Seiten. Preis 2 Mark 50 Pfg.

Vosmeer de Spie
Eine Leidenschaft
Roman
Autorisierte Übersetzung von Paul Raché
Illustr. Umschlag von M. Slevogt.
8°. 230 Seiten. Preis 3 Mark 50 Pf.

Georg Brandes
William Shakespeare
ca. 10 Lieferungen à 5 Bogen in gr. 8°.
Preis der Lieferung 1 Mark 75 Pf.

Verlag von **Albert Langen, Paris, Leipzig, München.**

Henry Becque, Die Pariserin. Lustspiel . . . . M. 2.—

Paul Bourget, Pastelle . . . . „ 3.50

Gustave Geffroy, Herz und Geist „ 3.50

Abel Hermant, Nathalie Madoré. Roman . . . . „ 4.—

Paul Hervieu, Im eigenen Licht. Roman . . . . „ 4.—

Octave Mirbeau, Ein Golgatha . „ 4.—

Marcel Prévost, Pariserinnen . . „ 4.—

    do.   Halbe Unschuld . „ 4.—

    do.   Cousine Laura . „ 3.50

J. Pavlovsky, Aus der Welthauptstadt Paris . . . . „ 4.—

Fernand Vandérem, Asche. Roman „ 3.50

Druck von Hesse & Becker in Leipzig